4-WEEK ONE PLATE DIET

믿고 따라 하는 **다이어터 최희정**의
4주 원 플레이트 다이어트

최희정 지음

Prologue

"24.8kg을 감량한 이후 요요 없이 꾸준히 체중을 유지하는 비결은 '식단'에 달렸다."라고 생각해요. 시대가 변하는 만큼 다양한 다이어트 방법이 소개되고 있지만, 내 몸에 맞지 않을 수도 있고, 단기간에 지나치게 다이어트를 시도하면 몸에 무리가 가기 쉽습니다. 굶는 다이어트는 살은 빠지겠지만 건강에 좋지 않은 데다 계속 굶을 수도 없으니 요요가 오거나 폭식, 구토 등으로 몸도 마음도 힘들어지고 맙니다.

저 역시 수많은 방법으로 다이어트를 하면서 다이어트약이나 주사 등을 시도해 봤지만, 수면 장애, 불안, 목이 타들어 가는 입마름 증상과 식욕 부진의 부작용을 겪었습니다. 무엇보다 계속 굶다 보니 신경이 늘 예민한 상태였고, 다시 요요가 오기도 했고요. 또 무조건 운동만으로 살을 빼겠다고 결심하고 보니 음식의 칼로리와 성분을 따지고 적게 먹어야 한다는 강박이 생기면서 지인들과의 식사 자리마저 불편해지더군요. 물론 다이어트를 하면서 즐길 정도로 운동을 병행하면 좋겠지만, 단기간에 살을 빼려다 보니 무리하게 운동 스케줄을 짜고 금세 지쳐 버리면 바로 요요가 옵니다.

그렇게 도돌이표처럼 요요가 몇 차례 반복되면서 제 인생 최대 몸무게 72.8kg을 찍고 나니 갑자기 생리도 끊기고, 무릎도 아프고, 허리 통증도 심해지더군요. 물론 몸에 맞는 옷도 없어서 고무줄 바지나 큰 박스 티, 펑퍼짐한 원피스밖에 입을 수 없었어요. 매장에 가서 옷을 구경하는 것 자체가 너무 불편한 데다 저 옷이 내 몸에 맞을지부터 생각하게 되고 사람들이 저만 쳐다 보는 느낌이었지요. 그러던 어느 날, SNS를 보다가 어떤 여성분의 보디프로필을 보게 되었는데 정말 너무너무 멋있더라고요. '나도 저런 몸으로 한 번만 살아 보고 싶다.', '나도 자신 있게 비키니 입고 한강 수영장에 가보고 싶다.' 이런 생각이 들더라고요. 그러다 문득 '그래, 진짜 마지막이라 생각하고 제대로 다이어트를 한번 해보자!' 하는 생각이 들었어요. 정말 단순하죠? 단기간이 아닌, 장기간에 걸쳐 천천히 꾸준하게! 그러면서 '어떻게 시작해야 할까?'를 고민하다가 바로 운동을 무리하게 시작하면 몸에 무리가 가거나 부상을 입을 것 같아서 식단을 먼저 시작하기로 했습니다. 식단만 꾸준하게 했는데도 몸의 부기도 싹 빠지고, 혈색도 좋아지고, 언제 그랬냐는 듯이 아침이면 개운하게 몸이 일으켜지고 기분마저 달라지더라고요.

지금도 극단적이지 않은 식단과 가벼운 운동을 병행하면서 6년째 48kg을 유지하고 있습니다. 처음엔 힘든 시간도, 무너지는 순간도 있었지만, 건강하게 잘 먹는 습관을 버릇처럼 제 몸에 저장해 놓아서 오랫동안 유지할 수 있었던 것 같습니다. 그리고 늘 나 스스로를 미워하고 자신감 하나 없던 제가 자존감이 높아지고, 사람들 앞에서도 주눅 들지 않게 되었어요. 여러분 모두 굶지 말고 건강하게 먹으면서 몸도 마음도 건강해지길 바랍니다.

끝으로 이 책이 출간될 수 있게 도와주신 출판사에 감사드립니다. 힘들 때마다 기쁠 때마다 위로해 주는 친구들아, 항상 고맙고, 늘 사랑으로 응원해 주시는 부모님, 정말 감사합니다. 사랑합니다.

2023년 최희정

CONTENTS

PART 1

4주 원 플레이트 다이어트 가이드

1 원 플레이트 다이어트 소개	10
2 원 플레이트 다이어트 식단의 포인트	13
3 최희정의 업그레이드 식단	15
4 조금씩 감량하는 식습관 만들기	16
5 4주 원 플레이트 식단의 모든 궁금증 해결! Q&A	18
6 원 플레이트 다이어트 계량법	21

PART 2

4주 원 플레이트 다이어트 식단

1주차 식단

월요일
- **아침** 브로콜리주먹밥 — 27
- **점심** 브로콜리마늘카레볶음밥 — 29
- **저녁** 브로콜리에그샐러드샌드위치 — 31

화요일
- **아침** 닭가슴살샌드스테이크 — 33
- **점심** 닭가슴살달걀지단부리또 — 35
- **저녁** 닭가슴살카레 — 37

수요일
- **아침** 제철과일건과요거트볼 — 39
- **점심** 닭가슴살불고기덮밥 — 41
- **저녁** 제철과일오픈샌드위치 — 43

목요일
- **아침** 구운두부토마토샐러드 — 45
- **점심** 두부달걀볶음덮밥 — 47
- **저녁** 스크램블에그두부유부초밥 — 49

금요일
- **아침** 애호박당근달걀프라이통밀빵 — 51
- **점심** 닭가슴살당근샌드위치 — 53
- **저녁** 닭가슴살주먹밥 — 55

토요일
- **아침** 오이두부샐러드 — 57
- **점심** 달걀양파덮밥 — 59
- **저녁** 오이오픈샌드위치 — 61

일요일
- **아침** 에그참치피자 — 63
- **저녁** 매콤참치오이주먹밥 — 65

2주차 식단

월요일
- **아침** 가지그라탕 — 69
- **점심** 가지덮밥 — 71
- **저녁** 소보로유부초밥 — 73

화요일
아침 새송이버섯토스트 75
점심 매콤새송이버섯덮밥 77
저녁 버섯카레유부초밥 79

수요일
아침 크래미하프언위치 81
점심 크래미주먹밥 83
저녁 크래미샐러드샌드위치 85

목요일
아침 에그샐러드통밀빵 87
점심 소고기달걀양파덮밥 89
저녁 소고기주먹밥 91

금요일
아침 양배추샌드위치 93
점심 양배추달걀야채볶음밥 95
저녁 양배추스테이크 97

토요일
아침 오버나이트오트밀 99
점심 중국식닭가슴살냉채 101
저녁 오트밀닭죽 103

일요일
아침 순두부에그인헬 105
점심 순두부토마토샐러드 107

3주차 식단

월요일
아침 훈제오리토달볶음 111
점심 훈제오리주먹밥 113
저녁 훈제오리달걀버거 115

화요일
아침 고구마샐러드에그슬럿 117
점심 닭가슴살고구마간장조림 119
저녁 고구마토르티야피자 121

수요일
아침 새우달걀볶음밥 123
점심 두부면새우토마토파스타 125
저녁 새우오픈샌드위치 127

목요일
아침 김치참치오트밀죽 129
점심 참치오픈샌드위치 131
저녁 참치야채토르티야롤 133

금요일
아침 느타리버섯오믈렛 135
점심 느타리버섯오픈샌드위치 137
저녁 느타리버섯밥전 139

토요일
아침 아보카도구이 141
점심 아보카도참치비빔밥 143
저녁 아보카도샌드위치 145

일요일
아침 달걀야채죽 147
저녁 달걀토르티야크레페 149

4주차 식단

월요일
아침 돼지고기샐러드 153
점심 돼지고기덮밥 155
저녁 돼지등심토마토카레 157

화요일
아침 양배추달걀전 159
점심 양배추돼지고기볶음밥 161
저녁 양배추김밥 163

수요일
아침 콩나물김치죽 165
점심 콩나물참치비빔밥 167
저녁 콩나물새우볶음밥 169

목요일
아침 두유스크램블에그토스트 171
점심 두유프렌치토스트 173
저녁 두유크림리소토 175

금요일
아침 닭가슴살콥샐러드 177
점심 닭가슴살채소덮밥 179
저녁 닭가슴살샐러드샌드위치 181

토요일
아침 토마토달걀샐러드 183
점심 달걀카레라이스 185
저녁 통밀달걀빵 187

일요일
아침 새우미역죽 189
저녁 새우미역냉채 191

PART 1

4주 원 플레이트 다이어트 가이드

원 플레이트 다이어트 식단의 규칙에는 2가지가 있어요.
첫째, 한 그릇에 담을 수 있는 요리라는 점,
둘째, 칼로리에 제한이 없다는 점이에요. 칼로리에 제한을 두면
식이 다이어트에 쉽게 지칠 수 있기 때문이에요.

1

원 플레이트 다이어트 소개

최희정의 하버드 소식단

대중들에게 알려져 있는 '하버드 식단'은 하버드 한 끼 건강식으로 매끼 건강하고 균형 잡힌 식사를 하기 위해 하버드대학교에서 제안한 건강 식단 지침이에요. 미국의 한 연구팀이 비만인 성인 244명을 두 그룹으로 나누어 저지방 식물성 식단(채소, 과일, 통곡물, 콩류)과 일반 식단을 16주 동안 섭취하게 했는데, 저지방 식물성 식단을 섭취한 그룹의 체중 감량이 많이 됐고, 특히 체지방과 내장지방의 감소가 컸다고 해요. 하지만 오랜 기간 섭취하기에는 무리가 있어 저는 여기에 저만의 다이어트 방식을 접목하여 여러 방송에서도 소개된 바 있는 '하버드 소식단'을 만들었어요. 이 책에서는 이 방식을 '원 플레이트 다이어트'라고 부를게요.

원 플레이트 다이어트 식단의 핵심은 접시의 1/2은 채소와 과일, 1/4은 통밀, 보리, 귀리 등 통곡물, 1/4은 생선 및 콩 등의 단백질로 채우는 것이에요.

<원 플레이트 다이어트의 구성>

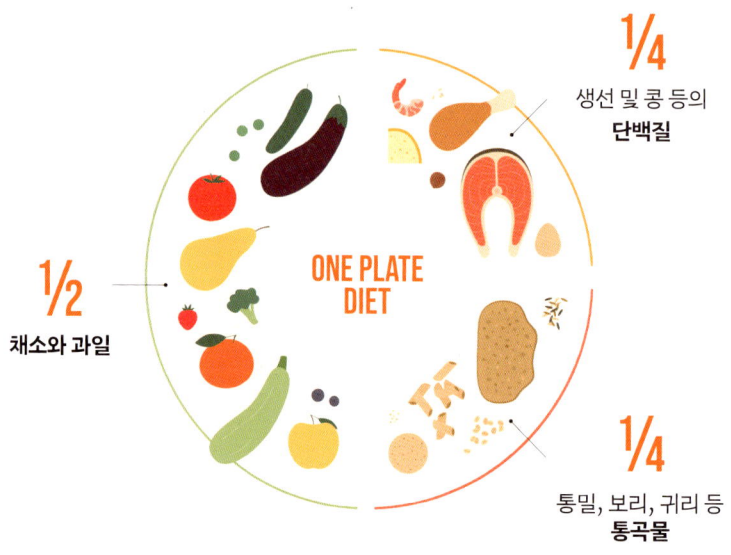

원 플레이트 다이어트의 특징은 식이섬유가 풍부하다는 점이에요. 채소, 과일, 통곡물 등의 식이섬유를 섭취하면 렙틴이라는 호르몬이 활성화되어 쉽게 포만감을 느낄 수 있어요. 따라서 많이 먹기 전부터 배부름을 느끼기 때문에 과식이나 폭식을 예방할 수 있고 체중 감량에 도움이 돼요.

원 플레이트 다이어트 식단의 규칙에는 2가지가 있어요. 첫째, 한 그릇에 담을 수 있는 요리라는 점, 둘째, 칼로리에 제한이 없다는 점이에요. 칼로리에 제한을 두면 식이 다이어트에 쉽게 지칠 수 있기 때문이에요.

<원 플레이트 다이어트의 규칙>

1 한 그릇에 담을 수 있는 요리
2 칼로리 제한이 없다

건강수명 늘리는 소식의 비밀: ①혈당 조절

'소식'은 다이어트 외에도 건강에 좋은 영향을 줘요. 혈당 조절, 면역력 증진, 체지방 감소 등 다양한 효과가 있어 건강수명을 늘려줍니다.

건강수명을 늘리는 소식 효과 첫 번째는 혈당 조절이에요. 소식좌들은 식사 속도가 느린 편인데 식사를 천천히 하는 것은 혈당 조절에 도움이 돼요. 음식을 빨리 섭취하면 포만감으로 이어지기 어렵기 때문에 과식을 하게 돼요. 과식을 하게 되면 혈당을 급격히 상승시켜 대량의 인슐린이 분비되고, 혈당이 상승하면 인슐린 기능이 저하되어 당뇨병 유병률이 높아지게 돼요. 그런데 소식은 혈당 조절에 도움을 주기 때문에 건강수명에 긍정적인 영향을 미칩니다.

건강수명 늘리는 소식의 비밀: ②면역력 증진

가슴 중앙에 위치한 나비 모양의 신체 기관인 흉선은 T세포(면역세포)를 생성하는 우리 몸의 면역 공장 같은 곳이에요. 흉선은 나이가 들수록 위축되고 지방이 끼면서 기능이 점점 떨어지게 됩니다. 면역 공장이 제대로 가동되지 않으면 우리 몸의 면역력이 떨어지는 것인 당연하겠죠. 그런데 칼로리 섭취를 제한하면 흉선의 기능이 개선된다는 연구 보고가 있어요. 따라서 소식을 하면 흉선의 기능이 좋아지고 면역력은 자연스럽게 높아지게 됩니다.

건강수명 늘리는 소식의 비밀: ③체지방 감소

소식좌들의 특징이라면 채소를 아주 넉넉하게 섭취한다는 점이에요. 채소를 충분히 섭취하면 우리 몸에서 포만감을 느끼게 하는 호르몬, 렙틴 분비를 촉진하고 렙틴 분비의 증가는 식욕 억제로 이어져 자연스럽게 체지방 감소에 도움이 됩니다.

* 출처 : <나는 몸신이다> 409회 중

2

원 플레이트 다이어트 식단의 포인트

세 끼 다 먹으면서 포만감을 유지하는 식단

다이어트를 시작하고 무조건 굶거나 식사량을 줄이면 단기간에 살은 빠지겠지만 언제까지 굶으며 생활하기는 힘들어요. 굶는 다이어트는 요요도 쉽게 오지만 살이 더 잘 찌는 체질로 변할 수도 있고 음식에 대한 집착이나 욕구가 더 강해지기 마련입니다. 하루 세 끼를 꼬박꼬박 건강한 음식들로 채워서 4주 내내 아침, 점심, 저녁 맛있게 먹으며 다이어트할 수 있는 식단으로 구성했어요.

칼로리보다 중요한 한 그릇에 담긴 음식

쉽게 접할 수 있는 고탄수화물 음식이나, 당이 높은 음식, 지방이 가득한 음식을 먹는 게 아닌 이상 먹을 때마다 칼로리 측정을 하지 않아도 됩니다. 대신 건강한 재료들로 만든 식단을 따라 하면 한 그릇을 다 먹을 수 있어서 심리적으로도 포만감을 느끼고 칼로리 제한 없이 식이 조절에도 도움이 되지요. 이렇게 4주가 지나면 건강한 습관들이 내 몸에 배어 섭취량도 조절하고 체중도 감량할 수 있답니다.

소식 식단 레시피

다이어트를 하기 전에는 밥과 갖가지 반찬, 메인 요리 등을 그대로 꺼내 놓고 먹다 보니 제가 한 끼에 음식을 얼마만큼 섭취하는지 알 수 없었습니다. 그런데 한 그릇 접시에 밥과 반찬들을 골고루 담아서 천천히 음식의 맛을 느끼면서 섭취하다 보니 저절로 음식량이 줄기 시작했어요. 외식을 하는 날에도 급하게 먹지 않고 덜어서 천천히 먹으면서 과식하지 않게 되더라고요.

식재료의 특성을 살려서 다양하게 조리하기

원 플레이트 다이어트 식단의 레시피들은 한 가지 재료를 응용해서 덮밥, 주먹밥, 토스트 등 여러 가지 음식으로 만들 수 있게 구성했어요. 마트에서 재료를 구매하다 보면 소량 구매가 어려운 재료들이 많거든요. 그래서 4주 식단 레시피에 따라 만들어 먹고 남는 재료들을 처치 곤란하지 않게 1주일 안에 거의 다 사용할 수 있게 구성했습니다. 질리지 않고 포만감 가득한 식단으로 구성했어요.

맛있게 먹을 수 있도록 소스 적극 활용하기

원재료의 맛을 그대로 즐기는 게 가장 좋아요. 하지만 다이어트를 처음 시작한다면 기존에 먹던 습관이 있어서 소스가 없으면 맛의 즐거움을 느끼기도 힘들고, 오히려 다이어트 식단에 거부감이 들기 쉽습니다. 예를 들어 크림 리소토가 먹고 싶다면 생크림 대신 두유나 저지방 우유로 대체해서 만들어 먹을 수 있어요. 4주 다이어트 식단에 들어가는 소스가 집에 없다면 집에 있는 다른 소스로 대체해도 괜찮습니다. 이를테면 스리라차 소스 대신 케첩이나 고추장 소량 또는 굴소스 대신 저염 간장, 식단 중에 자극적인 맛이 당긴다면 지방을 분해하는 캡사이신이 풍부한 청양고추를 넣거나 매운 고춧가루를 사용해도 좋아요.

3

최희정의 업그레이드 식단

배고픔을 이겨내고 내 몸에 필요한 만큼 먹기

모두 바쁜 아침이지만 하루의 시작부터 굶으면 군것질과 폭식으로 이어집니다. 아침에 가볍게 곡물셰이크나 삶은 달걀, 샐러드 등을 섭취하면 간식의 유혹에서 벗어날 수 있답니다. 좀 더 든든하게 식사를 하고 싶다면 생선구이나 지방이 적은 고기찜, 샤브샤브, 나물이나 채소가 가득한 한식을 선택하는 것도 좋습니다. 국 종류는 건더기 위주로 먹는 것이 다이어트에 도움이 됩니다. 중간중간 간식 생각이 간절할 때마다 방울토마토나 채소 스틱, 견과류 등을 먹으면 아주 좋죠. 준비할 시간이 없다면 곤약 간식이나 단백질 바, 무설탕 캔디 같은 제품을 구매해서 먹어도 좋아요. 하루에 미션을 한 가지씩 정해서 지켜 나가는 것도 아주 좋은 습관이랍니다. 예를 들어 1. 오늘 하루는 밀가루 음식 먹지 않기, 2. 오늘 하루는 탄산음료 마시지 않기, 3. 오늘 하루는 과자 대신 건강한 간식 먹기 등 작은 것부터 천천히 지켜 나가면 좋은 습관이 몸에 밸 거예요. 또는 SNS 피드에 식단과 목표를 올려서 지켜 나가거나 사람들과 공유하고 서로 응원하면서 실천하는 것도 좋은 방법이에요.

따라 하기만 하면 식이 조절이 가능한 4주 다이어트 식단-업그레이드 버전!

실제로 2주 다이어트 식단을 따라 하고서 체중 감량, 식습관 건강에 효과가 있었다는 SNS 메시지를 정말 많이 받았습니다. 개인마다 식습관이 정말 다양해서 2주 다이어트 식단에 먹지 못하는 음식이 있다거나, 2주라는 기간이 아쉽다는 피드백을 받아서 4주 다이어트 식단을 만들었어요. 음식도 좀 더 다양하게 구성하고 기간도 늘어난 만큼 식단을 조금 더 이어 나가면서 체중 감량 효과를 볼 수 있을 거예요. 어렵게 식단을 짜지 않아도 되고 생소한 재료로 만드는 게 아닌, 어디서든 구매할 수 있는 재료로 준비했답니다. 다이어트식이라고 해서 손이 많이 가는 음식은 꾸준히 따라 하기 어려워요. 거창하지는 않아도 평소에 요리를 어려워하거나 바쁜 분들도 간단하지만 건강하고 맛있게 만들어 먹을 수 있는 4주 다이어트 식단이랍니다.

4

조금씩 감량하는 식습관 만들기

3분의 2만 채운다는 느낌으로 먹기

음식을 허겁지겁 먹어서 과식하지 않는 게 중요합니다. 식사하기 30분 전에 따뜻한 물이나 차를 한 잔씩 마시거나 견과류, 방울토마토 등을 섭취하고 식사를 시작하면 과식을 피할 수 있어요.

처음부터 메인 요리를 먹는 것보다 샐러드 종류가 있으면 샐러드를 먼저 먹고 식사를 천천히 시작하면 좋아요.

너무 짜거나 자극적인 음식은 과식과 부종으로 이어질 수 있으니 피해야 합니다. 하지만 어쩔 수 없이 먹어야 하는 상황이라면 앞접시에 덜어서 채소들과 함께 천천히 먹으면 조금 덜 먹을 수 있답니다.

간식을 아예 끊는 대신 건강한 간식으로 바꾸기

아침 출근길에 편의점을 들러서 초콜릿이나 과자를 사는 습관이 있었나요? 단순당이 많은 탄수화물 대신 그릭 요거트나 삶은 달걀로 대체해 먹거나 감자튀김 대신 찐 감자 먹기, 콜라를 마시는 대신 제로칼로리 음료나 탄산수, 차 음료를 마시는 식으로 허기를 달래면서도 조금 더 건강한 간식을 고르면 체중 감량에 도움이 됩니다.

간식을 먹는 것에 너무 죄책감을 가지거나 간식을 먹었으니 다이어트에 실패했다고 생각하지 마세요. 오히려 출출할 때 간식을 먹으면 식사 때 과식을 막는 긍정적인 효과도 얻을 수 있으니까요. 자책하기보다는 부족했던 영양 성분을 채운다는 긍정적인 생각으로 간식 고르는 기준을 정하는 편이 오히려 도움이 됩니다.

커피, 녹차 대신 '물' 마시기

수분 섭취는 다이어트에 필수입니다. 보리차나 현미차로 수분 섭취를 할 수 있습니다. 온종일 아무 생각 없이 업무를 보다 보면 물 먹는 것을 자꾸 잊게 되더라고요. 알람을 맞춰 두고 한 시간에 한 잔씩 마셔도 좋습니다. 다이어트를 할 때 물을 마시면 포만감이 느껴져서 과식을 예방할 수 있으며, 운동을 병행하는 경우 몸을 움직여서 분해한 체내 지방을 몸 밖으로 배출하는 데 도움이 됩니다.

식단을 따르지 못했어도 포기는 NO!

한 끼 과식했다고 무조건 다음 식사를 굶기보다는 다음 끼니는 클린하게 먹고 시간이 있다면 산책을 하거나 가볍게 운동을 하는 편이 좋습니다.

하루 만에 모든 것이 바뀌진 않아요. 자책하지 말고 '오늘 맛있게 잘 먹었으니 내일은 더 건강하게 생활해야겠다.'라고 다짐하는 식으로 긍정적으로 대처하세요.

5

4주 원 플레이트 식단의 모든 궁금증 해결! Q&A

Q 식단을 따라 하다가 정체기가 왔어요. 먹는 양을 줄여야 하나요?

A 다이어트가 잘되고 있을 때는 기분도 좋고 하루하루 더 건강하게 보내야겠다는 생각이 절로 들지만 정체기가 오면 우울해지고 자책하기 쉬워요. 그러나 정체기는 누구에게나 올 수 있습니다. 사고를 전환해 '그동안 내가 열심히 다이어트를 했구나.' 하는 증거로 삼으면 어떨까요? 그렇다고 너무 절식하거나 운동량을 늘리면 몸의 피로도가 심해지면서 예민해지기도 하고 음식의 대한 욕구가 더 커져서 오히려 과식하기 쉽습니다. 정체기가 너무 고민된다면 평소에 하던 운동 말고 다른 운동으로 바꿔서 해 보세요. 그리고 나도 모르게 군것질이나 당이 많은 음료를 자주 마시고 있지는 않은지 내가 지금 먹고 있는 식단을 다시 한번 체크하는 것도 바람직합니다.

Q 닭가슴살을 먹으면 속이 불편해요. 대체할 만한 다른 재료가 있나요?

A 다이어트 식단 하면 닭가슴살을 떠올리는 사람들이 꽤 많습니다. 닭가슴살은 고단백 저지방 식품이라 다이어트에 정말 도움이 되는 식재료입니다. 하지만 사람마다 체질이 다 달라서 닭가슴살을 못 먹는 사람들도 있을 거예요. 닭가슴살을 못 먹는다면 소고기 등심, 앞다리살, 안심 등으로 대체할 수 있습니다. 돼지고기는 앞다리살, 안심, 목살 등 지방이 적은 부위가 좋아요. 육류를 먹기 어렵다면 달걀, 참치, 오징어, 두부 등 나에게 맞는 단백질 식품을 선택해서 먹으면 됩니다.

Q 식단을 따라 하면서 함께 하기 좋은 운동이 있을까요?

A 식단과 운동을 병행하면 다이어트의 효과는 더 커집니다. 게다가 꾸준하게 운동하면 건강함이 습관이 되어 탄탄하고 더 예쁜 몸을 만들 수 있습니다. 무리하게 운동을 하다 보면 아무래도 부상을 입기 쉬워요. 처음부터 강도 높은 운동을 하지 말고, 주 2~3회 한 시간 이상 운동해서 몸에 습관을 들이는 걸 추천해요. 가벼운 유산소 운동이나 스트레칭으로 시작하고, 운동을 처음 시작하는 거라 잘 모른다면 전문가에게 도움을 받으세요.

Q 요리하고 남은 자투리 채소들을 활용할 수 있는 레시피가 있을까요?

A 다이어트 식단을 하면서 남는 자투리 채소들은 그때그때 칼로 잘게 다져서 냉동실에 보관해 두었다가 볶음밥을 만들어 먹거나, 달걀말이 또는 채소죽을 만들어 먹거나, 믹서에 갈아서 채소 수프를 만들어 먹어도 좋아요. 너무 작은 자투리 채소가 아니라면 길게 썰어서 월남쌈을 만들어 먹어도 좋습니다.

Q 약속이나 회식, 데이트 등 피할 수 없는 외식에서는 식단 조절을 어떻게 해야 할까요?

A 피할 수 없는 약속이나 식사 자리가 생겼을 때 저는 그 시간을 즐기면서 골고루 잘 먹는 편이에요. 누군가와의 데이트, 식사 자리, 여행, 모임 등 내 인생에서 다시 없을 소중한 시간이잖아요. 괜히 '다이어트 중이라 난 먹을 수 없어.' 하면서 우울해하지 말고 골고루 잘 먹고 사람들과의 자리를 즐기되, 너무 과식하지 마세요. 그리고 다음 날을 다시 건강하게 시작하도록 하세요. 외식 장소를 고를 수 있다면 샐러드 카페나 채식 요리 등 건강한 음식을 먹을 수 있는 장소로 정해도 좋습니다. 일반식을 해야 한다면 밥량을 조금 줄이고 채소나 나물 위주의 짜지 않은 반찬을 먹는 게 좋아요. 천천히 꼭꼭 씹어 먹으면서 음식의 맛을 음미하고, 여행을 하는 중이라면 주변을 돌아다니면서 많이 걷는 것도 좋아요.

Q 1인 가구인데 식단을 시작하려고 산 재료들이 너무 빨리 상하고 시들어요. 식재료 보관 방법이 궁금합니다.

A 상추, 어린잎채소, 방울토마토 등 쌈 채소나 샐러드 채소는 빨리 무르기 때문에 구입 후 흐르는 물에 씻은 뒤 체에 밭쳐 물기를 충분히 제거한 다음 키친타월에 싸서 지퍼 백에 보관하거나 밀폐 용기에 보관하세요. 또 방울토마토는 꼭지를 제거한 뒤 흐르는 물에 씻어 체에 밭쳐 물기를 제거하고 밀폐 용기에 담아 보관합니다. 요리하고 남은 자투리 채소들은 밀폐 용기에 키친타월을 깔고 보관합니다. 식재료를 구입할 때 채소 표면에 상처가 없는지, 무르지 않은지, 단단한지, 꼭지 부분이 마르지 않았는지 살핀 뒤 구입하면 좋아요.

Q 직장에서 점심을 일반식으로 먹는데, 아침, 저녁만 다이어트 식단을 따라 해도 괜찮을까요?

A 처음부터 너무 무리하지 말고 형편에 따라 시작하는 게 좋습니다. 직장인들은 그렇게만 해도 정말 잘하는 거예요. 하루 한 끼는 일반식을 먹으면서 추가로 운동까지 하면 더욱 건강한 다이어트를 할 수 있어요.

Q **아침에 시간이 부족한데, 요리를 빨리하는 노하우를 알려 주세요.**

A 현미밥은 지어서 내열 용기에 한 번 먹을 분량씩 나눠 담은 뒤 한 김 식혀서 냉동실에 넣어요. 밥을 먹을 때 전자레인지에 넣고 2~3분간 데우거나 해동한 뒤 볶음밥으로 요리하면 간편해요. 특히 덮밥은 미리 요리해 둔 뒤 냉장고에 보관했다가 데우기만 해서 먹을 수 있어 간편합니다. 채소는 전날 저녁에 씻어서 썰고 다지는 등의 손질을 해 두면 좋겠죠. 손질한 채소는 지퍼 백 또는 반찬통에 담아 냉장실에 보관하세요.

6

원 플레이트 다이어트 계량법

계량스푼을 사용하면 같은 음식을 요리할 때마다 균일한 맛을 낼 수 있어 좋지만 의외로 집에 계량스푼을 구입해서 두지 않는 사람도 많죠. 이 책에서는 아주 간단하게 계량을 해서 요리합니다. 밥숟가락과 손만 있으면 돼요. 단, 밥숟가락 하나를 골라 요리할 때는 그것을 계속 사용하길 권합니다.

PART 2

4주 원 플레이트 다이어트 식단

건강한 재료들로 만든 식단을 따라 하면 한 그릇을 다 먹을 수 있어서
심리적으로도 포만감을 느끼고 칼로리 제한 없이 식이 조절에도
도움이 되지요. 이렇게 4주가 지나면 건강한 습관들이 내 몸에 배어 섭취량도
조절하고 체중도 감량할 수 있답니다.

1주차 식단

월요일
아침 브로콜리주먹밥 27
점심 브로콜리마늘카레볶음밥 29
저녁 브로콜리에그샐러드샌드위치 31

화요일
아침 닭가슴살샌드스테이크 33
점심 닭가슴살달걀지단부리또 35
저녁 닭가슴살카레 37

수요일
아침 제철과일견과요거트볼 39
점심 닭가슴살불고기덮밥 41
저녁 제철과일오픈샌드위치 43

목요일
아침 구운두부토마토샐러드 45
점심 두부달걀볶음덮밥 47
저녁 스크램블에그두부유부초밥 49

금요일
아침 애호박당근달걀프라이통밀빵 51
점심 닭가슴살당근샌드위치 53
저녁 닭가슴살주먹밥 55

토요일
아침 오이두부샐러드 57
점심 달걀양파덮밥 59
저녁 오이오픈샌드위치 61

일요일
아침 에그참치피자 63
저녁 매콤참치오이주먹밥 65

월요일 | **아침**

브로콜리주먹밥

재료

현미밥 130g

브로콜리 30g

메추리알 3개

굴소스 1큰술

오일 1스푼

참기름 1큰술

통깨 약간

1 브로콜리는 끓는 물에 데친 뒤 달군 팬에 오일을 살짝 두르고 볶는다.
2 달군 팬에 오일을 두른 뒤 메추리알프라이를 만든다.
3 브로콜리를 잘게 다지고, 볼에 다진 브로콜리, 현미밥, 굴소스, 참기름, 통깨를 넣고 잘 섞는다.
4 섞어놓은 밥을 먹기 좋은 크기로 뭉친 다음 메추리알프라이를 올려 마무리한다.

TIP
- 메추리알 대신 스크램블에그를 해서 같이 섞어 만들어도 좋아요.
- 브로콜리는 미리 데쳐내어 물기를 제거하고 보관한 뒤 쓰면 편해요.

월요일 | 점심

재료

현미밥 130g

브로콜리 30g

당근 10g

카레가루 1스푼

통마늘 8~10쪽

달걀 1개

오일 1스푼

후춧가루 약간

브로콜리마늘카레볶음밥

1 당근과 브로콜리는 잘게 다지고, 마늘은 편으로 썬다.
2 팬에 오일을 두르고 달걀프라이를 만든다.
3 팬에 오일을 두르고 중간 불에 마늘을 먼저 볶다가 살짝 투명해지면 남은 채소들을 넣고 볶는다.
4 볶은 채소에 현미밥, 카레가루, 후춧가루를 넣고 약한 불에 잘 볶은 뒤 달걀프라이를 올려 마무리한다.

월요일 | **저녁**

브로콜리에그샐러드샌드위치

재료

통밀모닝빵 2개

삶은 달걀 2개

데친 브로콜리 30g

그릭요거트 2스푼

소금 1스푼

식초 1스푼

1 냄비에 달걀이 잠길 만큼 물을 담고 소금, 식초를 넣어 완숙으로 삶는다.

2 브로콜리는 잘게 다지고, 볼에 삶은 달걀, 다진 브로콜리, 그릭요거트, 소금을 약간 넣고 다져가며 섞는다.

3 통밀모닝빵 사이를 자른 뒤 만들어 놓은 샐러드를 가득 채워 마무리한다.

TIP

• 통밀모닝빵 대신 통밀식빵을 사용해도 좋아요.

화요일 | **아침**

재료

닭가슴살 1덩이

당근 10g

브로콜리 20g

슬라이스 치즈 1장

방울토마토 3개

어린잎채소 약간

소금 1꼬집

후춧가루 약간

오일 ½스푼

닭가슴살샌드스테이크

1

2

3

4

1. 닭가슴살은 ⅓만 남기고 나머지는 반으로 갈라서 칼등으로 살살 쳐서 넓게 펼치고 소금, 후춧가루를 뿌려 밑간한다.
2. 당근은 채 썰고, 브로콜리는 조금 작게 자른다.
3. 펼친 닭가슴살 위에 채 썬 당근, 작게 자른 브로콜리, 슬라이스 치즈 순으로 올리고 반으로 접는다.
4. 종이호일에 닭가슴살을 올리고 오일을 살짝 뿌린 뒤 돌돌 말아준다. 기름기 없는 팬에 앞뒤로 15분 정도 굽는다.

TIP
- 빠르게 익히고 싶다면 팬에 뚜껑을 덮고 익혀주세요.

화요일 | **점심**

재료

닭가슴살 1덩이

달걀 3개

브로콜리 20g

당근 10g

파 10g

방울토마토 3개

어린잎채소 약간

소금 1꼬집

후춧가루 약간

굴소스 1큰술

오일 1스푼

닭가슴살달걀지단부리또

1 볼에 달걀을 깨트려 넣고 소금을 넣은 뒤 잘 풀어 달걀물을 만든다.

2 팬에 오일을 두르고 약한 불에 달걀지단을 만든다.

3 파는 송송 썰고, 당근은 채 썰고, 브로콜리와 방울토마토, 닭가슴살도 한입 크기로 썬다.

4 팬에 오일을 두르고 파를 먼저 볶아 파기름을 낸 뒤 닭가슴살을 넣고 볶는다.

5 나머지 채소, 굴소스, 후춧가루를 넣고 강한 불에 빠르게 볶는다.

6 달걀지단 위에 볶은 재료들을 올리고 돌돌 말아 꼬지로 고정한 뒤 먹기 좋은 크기로 썬다.

TIP

• 팬에 달걀물을 붓고 뚜껑을 덮어두면 지단을 뒤집지 않아도 윗면까지 잘 익어요.

화요일 | 저녁

재료

닭가슴살 1덩이

현미밥 100g

당근 20g

브로콜리 20g

양파 30g

삶은 달걀 1개

카레가루 2스푼

후춧가루 약간

오일 1스푼

소금 1꼬집

물 200ml

닭가슴살카레

1. 양파, 당근, 브로콜리, 닭가슴살은 한입 크기로 썬다.
2. 팬에 오일을 두른 뒤 양파를 먼저 볶아 갈색빛이 나면 닭가슴살과 당근을 넣고 볶는다.
3. 닭가슴살과 당근이 어느 정도 익으면 물과 카레가루를 넣고 저어주며 적당히 농도를 봐가면서 끓인다.
4. 에그 슬라이서로 삶은 달걀을 자른다.
5. 접시에 밥과 카레를 담은 뒤 삶은 달걀과 브로콜리를 올리고 후춧가루를 살짝 뿌려준다.

TIP
- 삶은 달걀 대신 달걀프라이로 대체해도 좋아요.
- 냉동 닭가슴살을 쓴다면 전날 미리 냉장고에 넣고 해동시키세요.

수요일 | 아침

제철과일견과요거트볼

재료

사과 50g

키위 30g

블루베리 20g

견과류 20g

그릭요거트 100g

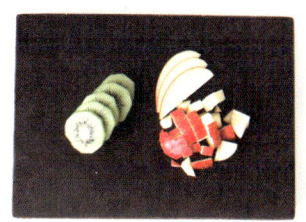

1

2

1 사과와 키위는 한입 크기로 먹기 좋게 썬다.
2 볼에 그릭요거트를 담고 과일을 예쁘게 올린 뒤 건과류를 뿌려 마무리한다.

TIP
- 집에 있는 다른 과일이나 제철과일을 사용해도 좋아요.

수요일 | **점심**

재료

닭가슴살 1덩이

현미밥 100g

양파 50g / 당근 30g

파 10g / 달걀 1개

다진 마늘 ½스푼

참기름 ½스푼

오일 1스푼 / 후춧가루 약간

양념

물 100ml / 간장 1스푼

굴소스 ½스푼 / 설탕 ½스푼

닭가슴살불고기덮밥

1-1

1-2

2

3-1

3-2

4

1 닭가슴살은 한입 크기로 썰고, 양파와 당근은 길게 채 썰고, 파는 송송 썬다. 달걀은 볼에 깨트려 넣고 달걀물을 만든다.

2 팬에 오일을 두른 뒤 다진 마늘과 파를 넣고 볶다가 파향이 올라오면 닭가슴살을 넣고 볶는다.

3 닭가슴살이 익으면 양파와 당근을 넣고 볶다가 양파가 투명해지면 물과 양념들을 넣는다. 물이 끓어오르면 달걀물을 붓고 취향에 맞게 익힌다.

4 접시에 현미밥과 함께 담은 뒤 참기름과 후춧가루를 뿌려준다.

수요일 | **저녁**

제철과일오픈샌드위치

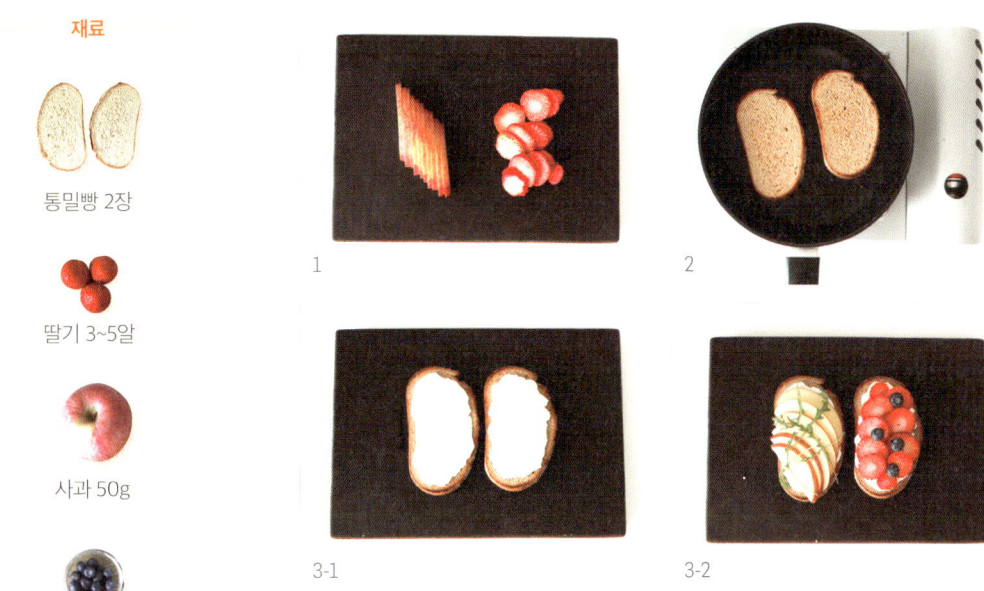

재료

통밀빵 2장

딸기 3~5알

사과 50g

블루베리 약간

그릭요거트 2스푼

1 딸기와 사과는 빵 위에 잘 올라가도록 얇게 슬라이스 한다.

2 통밀빵은 기름기 없는 팬에 앞뒤로 굽는다.

3 빵 위에 그릭요거트를 바르고 사과와 딸기를 올린다.

목요일 | **아침**

구운두부토마토샐러드

재료

두부 100g

방울토마토 5개

어린잎채소 약간

삶은 달걀 1개

견과류 15g

오일 ½스푼

드레싱

올리브오일 1스푼

발사믹식초 1스푼

꿀 1스푼

1-1

1-2

2

3

1 두부, 방울토마토, 삶은 달걀은 한입 크기로 썰고, 두부는 오일을 살짝 두른 팬에 노릇하게 굽는다.

2 볼에 어린잎채소, 구운 두부, 방울토마토, 견과류를 넣고 드레싱을 뿌린 뒤 살짝 섞는다.

3 접시에 담아 삶은 달걀을 올린다.

TIP

• 어린잎채소 대신 다른 쌈채소나 다른 채소로 대체해도 좋아요.

목요일 | **점심**

재료

현미밥 100g

두부 100g

달걀 2개

파 10g

굴소스 1스푼

통깨 약간

후춧가루 약간

오일 1스푼

소금 1꼬집

참기름 약간

두부달걀볶음덮밥

1

2

3

4

5

1. 파는 송송 썰고, 달걀은 볼에 깨트려 넣고 소금을 넣은 뒤 달걀물을 만든다.
2. 팬에 오일을 두르고 파를 먼저 볶다가 향이 올라오면 두부를 넣고 으깨가며 볶는다.
3. 두부가 고슬고슬해지면 굴소스를 넣고 볶는다.
4. 볶은 두부에 달걀물을 넣고 스크램블을 만든 뒤 참기름을 살짝 두른다.
5. 그릇에 현미밥과 함께 담은 뒤 통깨, 후춧가루를 뿌려준다.

TIP
• 달걀물을 부은 뒤 취향에 따라 익히면 돼요.

목요일 | 저녁

스크램블에그두부유부초밥

재료

유부 3장
두부 130g
달걀 2개
후리가케 1스푼
소금 2꼬집
오일 1스푼

1 달걀은 볼에 깨트려 넣고 소금을 넣은 뒤 달걀물을 만든다.
2 두부는 기름기 없는 팬에 으깨며 볶아 수분을 날려준 뒤 후리카케를 넣고 섞는다.
3 팬에 오일을 두르고 달걀물을 부어 스크램블을 만든다.
4 유부 속에 볶은 두부를 넣고 그 위에 스크램블을 올려 접시에 담는다.

TIP
• 후리가케 대신 다진 야채로 대체해도 좋아요.

| 금요일 | **아침**

애호박당근달걀프라이통밀빵

재료

통밀식빵 1장

애호박 30g

당근 30g

슬라이스 치즈 1장

달걀 1개

소금 1꼬집

오일 ½스푼

1-1 1-2

2 3

1 애호박과 당근은 길게 채 썰고, 통밀식빵은 기름기 없는 팬에 앞뒤로 굽는다.
2 팬에 오일을 두른 뒤 애호박, 당근, 소금을 넣고 볶다가 가운데에 달걀이 들어갈 모양을 잡고 달걀을 깨트려 넣고 익힌다.
3 구운 통밀식빵에 슬라이스 치즈, 애호박당근달걀프라이를 올린다.

TIP
• 완숙으로 먹고 싶거나 빨리 익히고 싶다면 팬에 물을 1스푼 붓고 뚜껑을 덮어 익히면 돼요.

금요일 | **점심**

닭가슴살당근샌드위치

1 통밀식빵은 기름기 없는 팬에 앞뒤로 굽고, 당근은 길게 채 썰고, 닭가슴살은 잘게 찢는다.
2 오일을 두른 뒤 달걀은 완숙으로 익히고, 채 썬 당근, 소금을 넣고 볶는다.
3 구운 통밀식빵에 슬라이스 치즈, 달걀프라이, 닭가슴살, 볶은 당근 순으로 올리고, 다른 한쪽에 청상추를 크기에 맞게 올린다.
4 그대로 덮고 종이호일에 싸서 반으로 자른다.

TIP
• 당근 대신 양배추나 파프리카 등으로 대체해도 좋아요.

금요일 | **저녁**

닭가슴살주먹밥

재료

현미밥 130g
삶은 닭가슴살 1개
애호박 30g
당근 30g
소금 2꼬집
참기름 1스푼
통깨 약간
오일 ½스푼

1-1   1-2

2-1   2-2

1 애호박, 당근, 닭가슴살은 잘게 다져 준비하고 팬에 오일을 두른 뒤 애호박과 당근을 살짝 볶는다.

2 볼에 현미밥, 닭가슴살, 볶은 채소, 소금, 참기름, 통깨를 넣고 잘 섞은 뒤 주먹밥을 먹기 좋은 크기로 만든다.

토요일 | **아침**

오이두부샐러드

재료

오이 1개

두부 100g

어린잎채소 약간

방울토마토 2~3개

소금 1스푼

오일 1스푼

드레싱

올리브오일 1스푼   발사믹식초 1스푼

꿀 1스푼   진간장 1스푼

통깨 약간

1 오이는 둥글게 썰어 볼에 담고 소금을 넣고 10분 정도 절인다.

2 두부는 한입 크기로 썰고 팬에 오일을 두른 뒤 노릇하게 굽는다.

3 절인 오이는 흐르는 물에 씻은 뒤 면보에 싸서 물기를 제거하고, 방울토마토는 반으로 잘라 준비한다.

4 볼에 어린잎채소, 구운 두부, 절인 오이, 방울토마토를 올리고 드레싱을 뿌린다.

토요일 | **점심**

달걀양파덮밥

재료

현미밥 100g

달걀 2개

양파 100g

오일 1스푼

굴소스 ½스푼

진간장 1스푼

설탕 ½스푼

소금 1꼬집

물 120ml

1 양파는 채 썰고, 달걀을 볼에 깨트려 넣고 소금을 넣은 뒤 잘 섞어 달걀물을 만든다.
2 팬에 오일을 두르고 양파를 볶다가 투명해지면 물, 진간장, 굴소스, 설탕을 넣고 잘 섞어가며 조린다.
3 달걀물을 부어 익힌 뒤 접시에 현미밥과 함께 담는다.

토요일 | **저 녁**

오이오픈샌드위치

재료

통밀빵 2장

삶은 달걀 1개

오이 1개

하프마요네즈 2스푼

올리브오일 1스푼

소금 1꼬집

후춧가루 약간

1

2

3

4

1 통밀빵은 기름기 없는 팬에 앞뒤로 굽는다.

2 오이는 필러로 길게 슬라이스 하고, 삶은 달걀도 슬라이스 한다.

3 구운 통밀빵에 하프마요네즈를 바르고 슬라이스 한 오이와 달걀을 올린 뒤 소금, 후춧가루를 살짝 뿌린다.

4 올리브오일을 뿌려 마무리한다.

TIP

• 하프마요네즈 대신 크림치즈나 그릭요거트를 사용해도 좋아요.

| 일요일 | **아침** |

에그참치피자

재료

기름기 뺀 참치 100g

삶은 달걀 2개

토마토 소스 2스푼

모차렐라 치즈 1스푼

블랙올리브 3알

자투리 채소 20g

1

2

3

1 채소는 잘게 자르고, 삶은 달걀은 볼에 담아 으깬다.
2 으깬 달걀 위에 참치, 토마토 소스, 다진 채소, 블랙올리브, 모차렐라 치즈를 올린다.
3 200℃로 예열한 에어프라이어에서 15분간 익힌다.

TIP
· 집에 있는 자투리 채소를 활용하면 좋아요.
· 치즈만 익으면 먹을 수 있으므로 에어프라이어 대신 전자레인지에 익혀도 돼요.

일요일 | **저 녁**

매콤참치오이주먹밥

재료

참치 100g

현미밥 100g

오이 1개

고춧가루 1스푼

참기름 1스푼

소금 1꼬집

통깨 약간

1 오이는 최대한 얇게 썰어 볼에 담고 소금을 넣은 뒤 10분 정도 절인다.
2 팬에 참치를 넣고 고춧가루를 넣은 뒤 자작하게 볶고, 오이는 흐르는 물에 헹군 뒤 면보에 싸서 물기를 제거한다.
3 볼에 현미밥, 볶은 참치, 오이를 넣고 소금, 참기름, 통깨를 넣고 잘 섞는다.
4 먹기 좋은 크기로 뭉쳐 마무리한다.

2주차 식단

월요일

아침 가지그라탕 69
점심 가지덮밥 71
저녁 소보로유부초밥 73

화요일

아침 새송이버섯토스트 75
점심 매콤새송이버섯덮밥 77
저녁 버섯카레유부초밥 79

수요일

아침 크래미하프언위치 81
점심 크래미주먹밥 83
저녁 크래미샐러드샌드위치 85

목요일	아침 에그샐러드통밀빵 87
	점심 소고기달걀양파덮밥 89
	저녁 소고기주먹밥 91

금요일	아침 양배추샌드위치 93
	점심 양배추달걀야채볶음밥 95
	저녁 양배추스테이크 97

토요일	아침 오버나이트오트밀 99
	점심 중국식닭가슴살냉채 101
	저녁 오트밀닭죽 103

| 일요일 | 아침 순두부에그인헬 105 |
| | 저녁 순두부토마토샐러드 107 |

월요일 | 아침

가지그라탕

재료

가지 1개
소고기다짐육 100g
통밀빵 1장
방울토마토 3개
모차렐라 치즈 2스푼
토마토 소스 3스푼
오일 2스푼
후춧가루 약간
소금 1꼬집

1 가지는 한입 크기로 썰고, 방울토마토는 반으로 썬다.
2 팬에 오일을 두르고 소고기를 볶다가 핏기가 가시면 가지를 넣고 볶는다.
3 오븐 사용이 가능한 용기에 토마토 소스를 깔고 볶은 재료, 토마토, 모차렐라 치즈를 뿌린다.
4 200℃로 예열한 오븐에 10분 정도 굽는다.

TIP
- 오븐 대신 에어프라이어로 익혀도 돼요.
- 소고기 대신 닭가슴살이나 돼지고기다짐육을 사용해도 좋아요.

월요일 | 점심

재료

현미밥 100g

소고기다짐육 100g

가지 1개

파 10g / 양파 30g

참기름 ½스푼 / 오일 2스푼

후춧가루 약간 / 통깨 약간

양념장

다진 마늘 ½스푼 / 고춧가루 1스푼

굴소스 1스푼 / 설탕 ½스푼

물 100ml

가지덮밥

1

2-1

3

4-1

4-2

1 파는 송송 썰고, 가지와 양파는 길게 썰고, 양념장은 볼에 미리 만들어 준비한다.
2 팬에 오일을 두른 뒤 파를 먼저 볶다가 소고기를 넣고 볶는다.
3 핏기가 사라지면 가지와 양파를 넣고 볶는다.
4 양파가 투명해지면 준비한 양념장을 넣고 원하는 농도에 맞춰 볶은 뒤 현미밥 위에 올려 마무리한다.

TIP
• 가지 대신 호박으로 만들어도 좋아요.

월요일 | 저녁

재료

현미밥 100g

소고기다짐육 100g

유부 3장

후리가케 1스푼

파 10g

간장 1스푼

설탕 ½스푼

후춧가루 약간

오일 1스푼

통깨 약간

참기름 1스푼

소보로유부초밥

1-1 1-2

2 3

1. 파를 송송 썰고, 팬에 오일을 두르고 다진 파를 볶아 향을 낸 뒤 소고기, 간장, 설탕을 넣고 볶는다.
2. 볼에 현미밥, 후리가케, 참기름을 넣은 뒤 잘 섞는다.
3. 섞은 밥을 유부 안에 넣고, 그 위에 볶은 소고기를 올린다.

TIP
- 참기름 대신 유부 안에 같이 담긴 국물을 넣어도 좋아요.
- 후리가케 대신 잘게 다진 볶은 채소를 넣어도 좋아요.

화요일 | 아침

새송이버섯토스트

재료

통밀식빵 2장

새송이버섯 1개

달걀 1개

토마토 소스 1스푼

슬라이스 치즈 1장

오일 1스푼

1

2

3-1

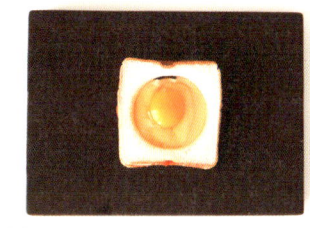

3-2

1 새송이버섯은 길게 자르고, 통밀식빵 1장은 컵이나 볼을 사용해서 가운데에 구멍을 낸다.
2 팬에 오일을 두른 뒤 새송이버섯을 앞뒤로 노릇하게 굽는다.
3 통밀식빵 위에 토마토 소스, 구운 새송이버섯, 슬라이스 치즈를 올린 뒤 구멍낸 통밀식빵을 올리고 달걀을 깨트린다.
4 180℃로 예열된 오븐에 10분 정도 굽는다.

화요일 | **점심**

재료

현미밥 130g

새송이버섯 1개 / 당근 20g

파 10g / 달걀 1개

고춧가루 1스푼

다진 마늘 ½스푼

오일 2스푼

굴소스 ½큰술

간장 ½스푼

설탕 ½스푼

참기름 ½스푼

물 2스푼

매콤새송이버섯덮밥

1

2

3

4-1

4-2

1. 파는 송송 썰고, 당근은 채 썰고, 새송이버섯은 반달 모양으로 썬다.
2. 작은 팬에 오일을 살짝 두른 뒤 달걀을 깨트려 넣고 달걀프라이를 준비한다.
3. 팬에 오일을 두르고 다진 마늘과 파를 넣고 볶다가 파향이 올라오면 당근, 새송이버섯을 넣고 볶는다.
4. 채소 숨이 살짝 죽으면 고춧가루, 굴소스, 간장, 설탕, 물을 넣고 조리듯이 볶는다.
5. 참기름을 두른 뒤 달걀프라이와 함께 현미밥 위에 올린다.

TIP
- 순한 맛으로 먹고 싶다면 고춧가루를 빼세요.

화요일 | **저 녁**

재료

현미밥 100g

새송이버섯 1개

유부 3장

당근 10g

파 10g

카레가루 1스푼

오일 1스푼

물 3스푼

버섯카레유부초밥

1

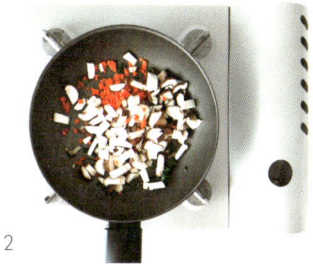
2

3-1

3-2

4

1 파는 송송 썰고, 당근과 새송이버섯은 잘게 다진다.

2 팬에 오일을 두른 뒤 파를 먼저 볶아 향을 내고 새송이버섯과 당근을 볶는다.

3 카레가루와 물을 넣고 취향껏 농도를 맞춰 볶는다.

4 유부 안에 현미밥을 넣고 새송이버섯카레볶음을 올린다.

TIP

- 카레가루 대신 소금, 간장으로 간을 해도 맛있어요.

수요일 | 아침

크래미하프언위치

재료

통밀식빵 1장

크래미 100g

양파 30g

슬라이스 치즈 1장

달걀 1개

사과 30g

청상추 5~6장

오일 ½스푼

1-1

1-2

2

3-1

3-2

1. 통밀식빵은 기름기 없는 팬에 앞뒤로 굽고, 팬에 오일을 살짝 두른 뒤 달걀을 깨트려 넣고 달걀프라이를 준비한다.

2. 양파는 얇게 슬라이스 한 뒤 찬물에 담가 매운기를 없애고 키친타월로 물기를 제거한다. 크래미는 잘게 찢고, 사과도 얇게 슬라이스 한다.

3. 도마에 랩을 깔고 슬라이스 치즈, 달걀, 크래미, 양파, 청상추 순으로 올린 뒤 랩으로 단단하게 포장하고 반으로 썬다.

TIP

- 반개는 그대로 먹고, 남은 반개는 볼에 부어 오픈샌드위치나 드레싱을 살짝 곁들여 샐러드처럼 먹어도 좋아요.

수요일 | 점심

재료

현미밥 130g

크래미 100g

당근 20g

애호박 20g

스리라차 소스 ½스푼

하프마요네즈 1스푼

통깨 약간

오일 ½스푼

소금 1꼬집

크래미주먹밥

1 애호박과 당근은 잘게 다지고, 팬에 오일을 두른 뒤 소금을 넣고 볶는다.
2 크래미는 잘게 찢어 볼에 담고 스리라차 소스, 하프마요네즈를 넣고 잘 버무린다.
3 큰 볼에 현미밥, 볶은 채소, 통깨를 넣고 잘 섞는다.
4 준비한 밥을 한 입 크기로 동그랗게 만든다.
5 랩 위에 버무린 크래미를 올린 뒤 주먹밥을 올리고 랩으로 단단하게 싸서 고정한다. 먹기 전에 랩을 풀어 접시에 담아낸다.

TIP
• 스리라차 소스가 부담스럽다면 케첩을 사용하세요.

수요일 | 저녁

크래미샐러드샌드위치

재료

통밀모닝빵 2개

크래미 100g

오이 ½개(70g)

당근 20g

그릭요거트 2스푼

1

2-1

2-2

1 통밀빵은 1/3 정도 잘라 준비하고, 오이는 씨를 제거한 뒤 당근과 함께 채 썰고 크래미는 잘게 찢는다.

2 볼에 채 썬 채소와 크래미, 그릭요거트를 넣은 뒤 잘 섞어 통밀빵 사이에 담아 마무리한다.

TIP
- 통밀모닝빵 대신 다른 빵으로 만들어도 돼요.

목요일 | 아침

에그샐러드통밀빵

재료

통밀빵 2장

삶은 달걀 3개

방울토마토 3개

그릭요거트 2스푼

쪽파 1줄기

식초 1스푼

소금 1스푼

1 쪽파는 잘게 다져 준비한다.
2 기름기 없는 팬에 통밀빵을 앞뒤로 굽는다.
3 볼에 삶은 달걀과 쪽파, 그릭요거트를 넣고 으깨면서 잘 섞는다.
4 만들어 놓은 에그샐러드와 통밀빵, 방울토마토를 접시에 담아낸다.

TIP
• 샌드위치로 만들어 도시락으로 싸기에도 좋아요.

목요일 | **점심**

재료

소고기 100g

현미밥 130g

양파 100g

달걀 1개

참기름 ½스푼

조림소스

간장 2스푼

굴소스 1스푼

설탕 1스푼

물 100ml

소고기달걀양파덮밥

1 양파는 길게 채 썰고, 볼에 굴소스, 간장, 설탕, 물을 넣고 잘 섞어 소스를 만든다.

2 다른 볼에 달걀을 깨트려 넣고 달걀물을 만든다.

3 팬에 조림소스를 두른 뒤 파르르 끓으면 양파를 넣고 익히다가 살짝 투명해지면 소고기를 넣고 조리듯이 익힌다.

4 국물이 자작하게 조려지면 달걀물을 부어 취향껏 익힌 뒤 현미밥 위에 올려 마무리한다.

TIP

• 당근이나 호박 등 다른 채소를 곁들여 만들어도 좋아요.

목요일 | 저녁

재료

소고기다짐육 100g

현미밥 130g

당근 20g

애호박 20g

오일 1스푼

통깨 약간

참기름 1스푼

간장 1스푼

설탕 1스푼

소고기주먹밥

1 당근, 호박은 잘게 다진다.
2 팬에 오일을 두른 뒤 소고기를 볶다가 핏기가 가시면 다진 채소, 간장, 설탕을 넣고 볶는다.
3 볼에 현미밥, 참기름, 통깨, 볶은 재료를 넣고 한입 크기로 동그랗게 만들어 접시에 담아낸다.

TIP
• 샐러드나 채소스틱 등을 곁들여 조금 더 포만감 있게 먹어도 좋아요.

금요일 | 아침

재료

통밀빵 2장

양배추 60g

삶은 달걀 2개

슬라이스 치즈 1장

블랙올리브 2알

머스터드 1스푼

하프마요네즈 1스푼

소금 1꼬집

후춧가루 약간

양배추샌드위치

1-1

1-2

2-1

2-2

3

1 통밀빵은 기름기 없는 팬에 앞뒤로 굽고, 양배추는 잘게 채 썰고, 블랙올리브는 잘게 다진다.

2 볼에 삶은 달걀을 넣고 으깬 뒤 양배추, 블랙올리브, 머스터드, 하프마요네즈, 소금, 후춧가루를 살짝 넣고 잘 섞는다.

3 구운 통밀빵 위에 슬라이스 치즈를 올린 뒤 양배추샐러드를 올리고 나머지 통밀빵을 올려 먹기 좋은 크기로 썬다.

TIP

• 사과를 조금 채 썰어 넣으면 향긋하게 먹을 수 있다.

금요일 | **점심**

재료

현미밥 130g

양배추 100g

달걀 2개

애호박 20g

당근 20g

파 10g

오일 1스푼

소금 1꼬집

간장 1스푼

통깨 약간

양배추달걀야채볶음밥

1 파는 송송 썰고, 당근과 호박을 잘게 썰고, 양배추는 채 썬다.
2 팬에 오일을 두르고 파를 먼저 넣어 향을 낸 뒤 썰어놓은 채소, 소금을 넣고 숨이 살짝 죽을 정도로 볶는다.
3 볶은 채소를 옆으로 살짝 밀고 달걀을 깨트려 스크램블에그를 만든다.
4 현미밥, 간장, 통깨를 넣고 볶아 마무리한다.

금요일 | 저녁

양배추스테이크

재료

양배추 200g

버터 10g

오일 1스푼

파마산치즈 1스푼

후춧가루 약간

소금 1꼬집

1

2

3

1 양배추는 살짝 두툼하게 썰어 이쑤시개로 모양을 고정하고 소금, 후춧가루를 뿌려 준비한다.

2 팬에 버터를 살짝 녹인 뒤 양배추를 올려 노릇하게 굽고, 뒤집어서 오일을 뿌린 뒤 팬 뚜껑을 덮고 약한 불에서 속까지 익힌다.

3 익힌 양배추스테이크를 접시에 담고 파마산치즈를 뿌린다.

TIP

• 현미밥이나 통밀빵, 닭가슴살을 곁들여 먹어도 좋아요.

토요일 | 아침

오버나이트오트밀

재료

오트밀 30g

두유 180ml

사과 20g

블루베리 20g

견과류 약간

1

2-1

2-2

1 먹기 30분 전에 두유에 오트밀을 넣고 잘 섞은 뒤 살짝 불려 준비한다.
2 사과는 잘게 썰고 블루베리와 건과류를 준비한 뒤 불린 오트밀 위에 가지런히 올려 마무리한다.

TIP
• 제철과일이나 냉동과일을 사용해도 좋아요.

토요일 | **점심**

재료

삶은 닭가슴살 1개

팽이버섯 50g

오이 ½개

대파 20g

방울토마토 2개

땅콩버터 소스

땅콩버터 1스푼 / 뜨거운 물 3스푼

두반장 ½스푼 / 간장 ½스푼

굴소스 ½스푼 설탕 1스푼

고추기름

오일 150ml / 고춧가루 5스푼

파 20g / 마늘 3쪽

중국식닭가슴살냉채

1   2

3-1   3-2

3-3   3-4

1 팽이버섯은 접시에 담아 랩을 씌운 뒤 전자레인지에 30초 정도 익혀 준비한다.

2 닭가슴살은 잘게 찢고, 파와 오이는 잘게 채 썰고, 팽이버섯은 잘게 찢는다.

3 접시에 4등분 한 방울토마토, 닭가슴살, 팽이버섯을 올린 뒤 땅콩버터 소스를 올리고, 파채와 오이를 올린 뒤 고추기름을 한 스푼 뿌려 마무리한다.

TIP
- 두반장 대신 쌈장을 넣어도 돼요.
- 고추기름은 전자레인지에 1분씩 3회 돌린 뒤 체에 걸러 준비하세요. 밀폐용기에 보관했다가 볶음요리나 볶음밥을 만들 때 사용하면 편해요.

토요일 | 저녁

재료

삶은 닭가슴살 100g

오트밀 30g

당근 20g

양파 20g

새송이버섯 20g

통깨 약간

참기름 1스푼

소금 1꼬집

후춧가루 약간

물 200ml

오트밀닭죽

1　당근, 양파, 새송이버섯은 잘게 썰고, 닭가슴살은 잘게 찢어 준비한다.

2　팬에 참기름을 두른 뒤 당근, 양파, 새송이버섯을 넣고 볶다가 채소들이 투명해지면 물, 오트밀, 닭가슴살을 넣고 잘 섞어가며 끓인다.

3　원하는 농도에 맞춰 끓인 뒤 소금, 후춧가루, 통깨를 뿌려 마무리한다.

TIP

• 닭가슴살 대신 참치나 소고기를 넣어도 좋아요.

일요일 | 아침

재료

순두부 1봉

새우 5마리

달걀 1개

새송이버섯 30g

방울토마토 3개

양파 30g

파 10g

다진 마늘 1스푼

모차렐라 치즈 1스푼

토마토 소스 2스푼

오일 1스푼

순두부에그인헬

1 파는 송송 썰고 방울토마토, 버섯, 양파는 한입 크기로 썬다.
2 순두부는 큼직하게 썬다.
3 팬에 오일을 두르고 다진 마늘, 파를 넣고 볶다가 파향을 낸 뒤 새우를 넣고 볶는다.
4 새우가 붉게 익으면 썰은 채소를 넣고 볶는다.
5 토마토 소스, 순두부를 넣은 뒤 가운데에 달걀을 깨트려 넣고 모차렐라 치즈를 올린 다음 팬 뚜껑을 덮고 달걀까지 잘 익힌다.

TIP
- 통밀빵이나 밥과 함께 곁들여 먹어도 좋아요.

일요일 | 저녁

순두부토마토샐러드

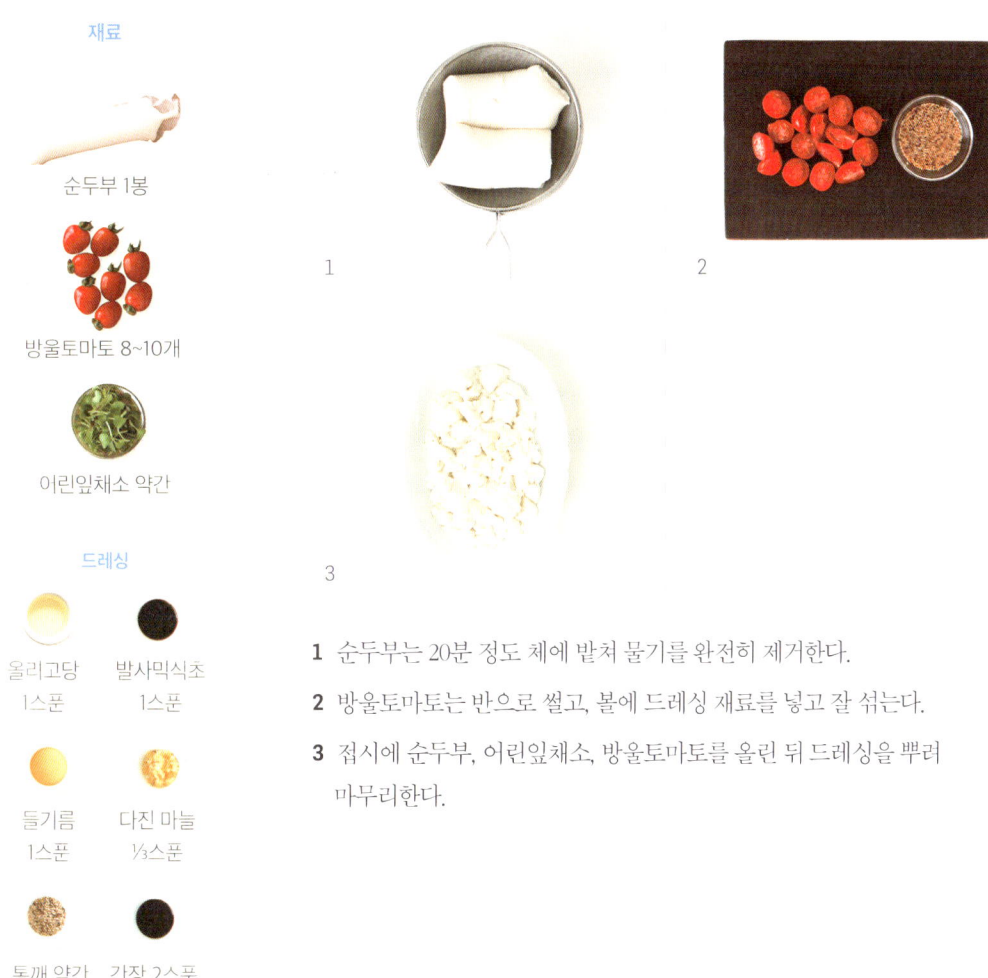

재료
순두부 1봉
방울토마토 8~10개
어린잎채소 약간

드레싱
올리고당 1스푼
발사믹식초 1스푼
들기름 1스푼
다진 마늘 ⅓스푼
통깨 약간
간장 2스푼

1 순두부는 20분 정도 체에 밭쳐 물기를 완전히 제거한다.
2 방울토마토는 반으로 썰고, 볼에 드레싱 재료를 넣고 잘 섞는다.
3 접시에 순두부, 어린잎채소, 방울토마토를 올린 뒤 드레싱을 뿌려 마무리한다.

TIP
• 순두부는 체에 밭쳐 물기를 꼭 제거해야 드레싱이 싱거워지지 않아요.

3주차 식단

월요일
아침 훈제오리토달볶음 111
점심 훈제오리주먹밥 113
저녁 훈제오리달걀버거 115

화요일
아침 고구마샐러드에그슬럿 117
점심 닭가슴살고구마간장조림 119
저녁 고구마토르티야피자 121

수요일
아침 새우달걀볶음밥 123
점심 두부면새우토마토파스타 125
저녁 새우오픈샌드위치 127

목요일	아침 김치참치오트밀죽 129 점심 참치오픈샌드위치 131 저녁 참치야채토르티야롤 133

금요일	아침 느타리버섯오믈렛 135 점심 느타리버섯오픈샌드위치 137 저녁 느타리버섯밥전 139

토요일	아침 아보카도구이 141 점심 아보카도참치비빔밥 143 저녁 아보카도샌드위치 145

일요일	아침 달걀야채죽 147 저녁 달걀토르티야크레페 149

월요일 | **아침**

훈제오리토달볶음

재료

훈제오리 50g

달걀 2개

방울토마토 4개

파 10g

버터 5g

후춧가루 약간

소금 1꼬집

1 파는 송송 썰고, 방울토마토는 반으로 자르고, 볼에 달걀을 깨트려 넣고 달걀물을 만든다.

2 팬에 버터를 두르고 달걀물을 부어 스크램블에그를 만든 뒤 다른 그릇에 잠시 덜어낸다.

3 기름기 없는 팬에 훈제오리와 파를 넣고 볶다가 파향이 올라오면 방울토마토를 넣고 볶는다.

4 덜어 둔 스크램블에그를 넣어 볶은 뒤 접시에 담아낸다.

TIP

• 현미밥이나 통밀빵과 함께 먹어도 좋아요.

월요일 | 점심

훈제오리주먹밥

재료

훈제오리 100g

현미밥 130g

브로콜리 20g

당근 20g

참기름 ½스푼

통깨 약간

1-1
1-2 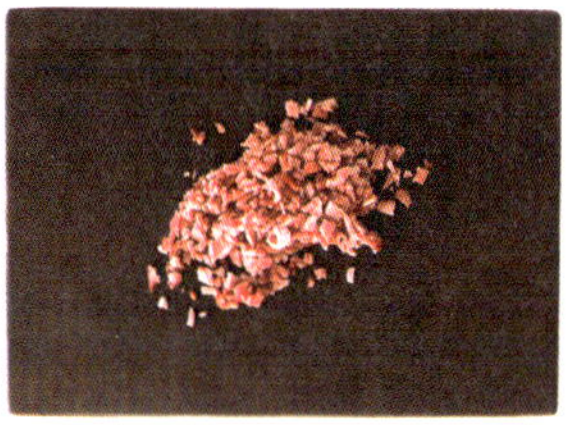
2 
3-1 
3-2 

1 당근, 브로콜리, 훈제오리는 잘게 다진다.
2 팬에 훈제오리를 먼저 볶은 뒤 남은 기름으로 채소를 볶는다.
3 볼에 현미밥, 볶은 재료들을 모두 넣고 통깨, 참기름을 넣고 잘 섞은 뒤 한입 크기로 동그랗게 만든다.

월요일 | **저녁**

훈제오리달걀버거

재료

훈제오리 50g

삶은 달걀 3개

슬라이스 치즈 1장

청상추 2장

방울토마토 2개

스리라차 소스 1스푼

1

2

3-1

3-2

1 삶은 달걀은 반으로 자르고, 방울토마토도 둥근 모양으로 썰고, 슬라이스 치즈는 4등분 하고, 청상추도 달걀 크기에 맞춰 잘라 준비한다.
2 기름기 없는 팬에 훈제오리를 올린 뒤 앞뒤로 노릇하게 굽는다.
3 달걀 반 개 위에 슬라이스 치즈, 청상추, 방울토마토, 훈제오리 순으로 올린 뒤 나머지 달걀 반 개를 덮고 꼬지로 고정한다.
4 스리라차 소스를 곁들여 접시에 담아낸다.

TIP
- 피프리카나 양파 등을 넣어도 좋아요
- 스리라차 소스 대신 홀 그레인 머스터드를 곁들여도 돼요.

화요일 | **아침**

고구마샐러드에그슬럿

재료

- 현미밥 130g
- 고구마 130g
- 견과류 20g
- 달걀 1개
- 슬라이스 치즈 1장
- 그릭요거트 1스푼

1 고구마는 볼에 넣어 랩을 씌운 뒤 전자레인지에 4~5분 정도 익히고, 견과류는 잘게 다진다.

2 고구마는 껍질을 제거한 뒤 볼에 고구마, 견과류, 그릭요거트를 넣고 으깨어 잘 섞는다.

3 그릇에 고구마샐러드를 깔고 슬라이스 치즈, 달걀을 깨트려 넣고 이쑤시개나 포크로 노른자를 여러 번 찌른 뒤 전자레인지에 2분 정도 익힌다.

TIP

• 고구마 대신 단호박이나 감자로 만들어도 좋아요.

화요일 | **점심**

재료

닭가슴살 100g

현미밥 130g

고구마 100g

새송이버섯 20g / 당근 20g

파 10g   후춧가루 약간

오일 1스푼   소금 1꼬집

조림양념

올리고당   참기름
½스푼   1스푼

후춧가루   다진 마늘
약간   1스푼

설탕 1스푼   간장 3스푼

물 150ml

닭가슴살고구마간장조림

1

2

3

4-1

4-2

1 작은 볼에 조림양념 재료를 모두 넣고 잘 섞는다.

2 파는 송송 썰고 당근, 새송이버섯, 고구마, 닭가슴살은 한입 크기로 썬다.

3 팬에 오일을 두른 뒤 파를 넣고 볶다가 파향이 올라오면 닭가슴살을 넣고 볶는다.

4 닭가슴살이 반 정도 익으면 나머지 채소를 넣고 볶은 뒤 조림양념을 넣고 조려서 마무리한다.

TIP

• 고구마와 당근은 모서리를 살짝 둥글게 잘라주면 더 깔끔하게 조려져요.

화요일 | 저녁

재료

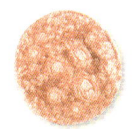
통밀토르티야 1장

파프리카 20g

고구마 100g

브로콜리 15g

달걀 1개

블랙올리브 1알

그릭요거트 1스푼

모차렐라 치즈 1스푼

토마토 소스 1스푼

고구마토르티야피자

1 2

3-1 3-2

1 고구마는 전자레인지에 3~5분 정도 익힌 뒤 껍질을 제거하고 볼에 담아 그릭요거트를 넣고 으깨어 잘 섞는다.

2 파프리카, 브로콜리, 블랙올리브는 깍둑 썬다.

3 통밀토르티야에 토마토 소스를 바르고 으깬 고구마를 두른 뒤 채소와 모차렐라 치즈를 올린다. 가운데에 달걀을 깨트려 넣고 이쑤시개나 포크로 노른자를 여러 번 찌른 뒤 전자레인지에 3~5분 정도 익힌다.

TIP

• 집에 짤주머니가 없다면 지퍼백에 고구마샐러드를 담고 모서리를 자른 뒤 짜서 만들어도 돼요.

수요일 | **아침**

재료

현미밥 130g

새우 50g(5~6마리)

달걀 1개

브로콜리 30g

당근 30g

파 10g

오일 1스푼

참기름 ½스푼

간장 1스푼

후춧가루 약간

통깨 약간

새우달걀볶음밥

1 파는 송송 썰고, 브로콜리와 당근은 잘게 다지고, 새우는 깍둑 썬다.
2 팬에 오일을 두르고 파를 먼저 볶다가 파향이 올라오면 새우를 넣고 볶는다. 새우에 붉은기가 돌면 당근, 브로콜리를 넣고 볶는다.
3 채소가 투명해지면 현미밥, 간장을 넣고 잘 섞어 볶다가 볶은 밥을 프라이팬 옆으로 살짝 밀어놓고 달걀을 깨트려 넣은 뒤 휘저어가며 달걀을 익힌다.
4 볶음밥과 달걀을 잘 섞어가며 볶은 뒤 참기름, 통깨, 후추를 살짝 뿌려 마무리한다.

수요일 | **점심**

재료

두부면 100g

새우 50g(5~6마리)

파 10g

양파 30g

버섯 30g

방울토마토 3~5개

마늘 3~5쪽

토마토 소스 3스푼

오일 1스푼

후춧가루 약간

두부면새우토마토파스타

1

2

3-1　　3-2

4

1　두부면은 흐르는 물에 살짝 헹군 뒤 체에 받쳐 물기를 제거한다.

2　파는 송송 썰고, 마늘은 얇게 편 썰고, 양파는 길게 썰고, 버섯과 방울토마토는 한입 크기로 썬다.

3　팬에 오일을 두른 뒤 파, 마늘, 양파를 먼저 볶다가 양파가 살짝 투명해지면 새우, 버섯, 토마토를 넣고 볶는다.

4　새우가 익을 정도로 볶다가 두부면, 토마토 소스를 넣고 볶은 뒤 후춧가루를 뿌려 마무리한다.

TIP

• 토마토 소스를 고를 때는 토마토 함량이 높은 제품으로 구매하는 게 좋아요.

수요일 | **저녁**

재료

통밀식빵 1장

새우 50g(5~6마리)

슬라이스 치즈 1장

당근 100g

청상추 2~3장

오일 2스푼

스리라차 소스 약간

소금 1꼬집

후춧가루 약간

새우오픈샌드위치

1-1

1-2

2-1

2-2

3

1. 통밀빵은 기름기 없는 팬에 앞뒤로 굽고, 당근은 잘게 채 썬다.
2. 팬에 오일을 두르고 당근, 소금을 넣은 뒤 잘 볶고, 새우도 앞뒤로 굽는다.
3. 통밀빵, 슬라이스 치즈, 청상추, 볶은 당근, 새우 순으로 올린 뒤 후춧가루, 스리라차 소스를 뿌려 마무리한다.

TIP
- 스리라차 소스 대신 홀 그레인 머스터드도 좋아요.

| 목요일 | 아침 |

김치참치오트밀죽

재료

오트밀 30g

김치 50g

참치 50g

참기름 ½스푼

소금 1꼬집

통깨 약간

물 200ml

1 김치는 잘게 썰고, 참치는 체에 밭쳐 기름기를 제거한다.
2 팬에 참기름을 두르고 김치를 볶는다.
3 물, 참치, 오트밀을 넣고 잘 섞어가며 원하는 농도에 맞춰 끓여준 뒤 통깨를 뿌려 마무리한다.

TIP
- 간이 조금 싱거우면 국간장을 조금 넣으세요.

목요일 | **점심**

재료

통밀빵 2장

참치 100g

삶은 달걀 1개

슬라이스 치즈 1장

양파 20g

청상추 3~4장

하프마요네즈 ½스푼

홀 그레인 머스터드 ½스푼

참치오픈샌드위치

1

2

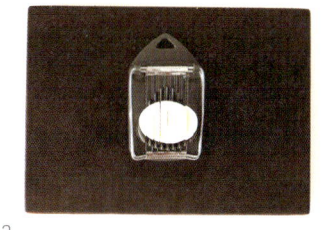
3

4

1 통밀빵은 기름기 없는 팬에 앞뒤로 굽고, 참치는 체에 밭쳐 기름기를 제거한다.

2 양파는 잘게 다진 뒤 볼에 참치, 홀 그레인 머스터드, 하프마요네즈를 함께 넣고 잘 섞는다.

3 삶은 달걀은 슬라이스 한다.

4 통밀빵 위에 슬라이스 치즈, 청상추, 참치, 삶은 달걀 순으로 올려 마무리한다.

목요일 | **저녁**

참치야채토르티야롤

재료

통밀토르티야 1장

참치 100g

파프리카 30g

슬라이스 치즈 1장

양파 20g

청상추 4~5장

홀 그레인 머스터드
1스푼

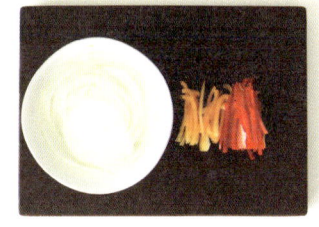
1

2

3

1 참치는 체에 밭쳐 기름기를 제거하고, 양파는 슬라이스 한 뒤 찬물에 담아 매운기를 없애고 키친타월로 물기를 제거한다. 파프리카는 길게 썬다.

2 도마 위에 통밀토르티야를 올리고 홀 그레인 머스터드를 바른 뒤 슬라이스 치즈, 양파, 참치, 파프리카, 청상추 순으로 올린다.

3 그대로 말아 랩으로 고정시킨 뒤 한입 크기로 썬다.

TIP

• 취향에 맞는 채소들을 더해서 만들어도 좋아요.

금요일 | **아침**

재료

통밀빵 1장

느타리버섯 100g

양파 30g

달걀 2개

슬라이스 치즈 1장

당근 20g

소금 1꼬집

굴소스 ½스푼

케첩 ½스푼

오일 2스푼

느타리버섯오믈렛

1 볼에 달걀을 깨트려 넣고 소금을 넣은 뒤 잘 섞어 달걀물을 만들고, 느타리버섯은 길게 찢고, 양파와 당근은 길게 채 썬다.

2 팬에 오일을 두르고 느타리버섯, 양파, 당근을 볶다가 양파가 투명해지면 굴소스, 케첩을 넣고 잘 볶은 뒤 다른 접시에 담아 식힌다.

3 팬에 오일을 두르고 달걀물을 붓고 뚜껑을 덮은 뒤 약한 불에 서서히 익힌다.

4 윗면까지 익으면 덜어 둔 버섯볶음을 한쪽에 올린 뒤 달걀을 반으로 접어 통밀빵과 함께 접시에 담아낸다.

금요일 | **점심**

재료

통밀빵 2장

느타리버섯 100g

방울토마토 3개

삶은 달걀 1개

파마산치즈 약간

오일 1스푼

홀 그레인 머스터드 1스푼

소금 1꼬집

후춧가루 약간

느타리버섯오픈샌드위치

1-1

1-2

2

3

1. 통밀빵은 기름기 없는 팬에 앞뒤로 굽고, 방울토마토는 반으로 썰고, 느타리버섯은 길게 찢고, 삶은 달걀은 4등분 한다.

2. 팬에 오일을 두르고 느타리버섯, 방울토마토, 소금을 넣은 뒤 강한 불에 빠르게 볶는다.

3. 통밀빵에 홀 그레인 머스터드를 바른 뒤 볶은 느타리버섯, 방울토마토, 삶은 달걀을 올리고 파마산치즈를 뿌려낸다.

TIP
• 파마산치즈 대신 발사믹 글레이즈나 다른 치즈를 올려도 좋아요.

금요일 | 저녁

느타리버섯밥전

재료

현미밥 100g

느타리버섯 100g

달걀 2개

당근 20g

파 10g

소금 2꼬집

통깨 약간

1

2

3

1 파는 송송 썰고, 당근과 버섯은 잘게 다진다.
2 볼에 다진 채소와 현미밥, 달걀 2개를 깨트려 넣고 잘 섞는다.
3 팬에 오일을 두른 뒤 먹기 좋은 크기로 노릇하게 구워 접시에 담아낸다.

TIP
- 식은 현미밥으로 만들어야 달걀물이 부족하지 않아요.

토요일 | **아침**

아보카도구이

재료

아보카도 1개

달걀 2개

파마산치즈 약간

소금 1꼬집

후춧가루 약간

1 아보카도는 반으로 자른 뒤 칼로 씨앗을 찍어 살짝 비틀어 씨앗을 제거한다.

2 볼에 달걀을 깨트리고 노른자만 건져서 아보카도 씨앗을 제거한 자리에 넣는다. 노른자를 채우고 남는 공간은 흰자로 채운다.

3 오븐 사용이 가능한 용기에 아보카도를 놓고 190℃로 예열한 에어프라이어나 오븐에서 15분 정도 익힌 뒤 접시에 담고 파마산치즈를 뿌려 마무리한다.

TIP

• 흰자를 더 채우고 싶다면 아보카도의 과육을 수저로 떠내고 흰자를 채우면 돼요.

토요일 | **점심**

재료

현미밥 130g

아보카도 ½개

참치 100g

달걀 1개

어린잎채소 약간

하프마요네즈 1스푼

오일 ½스푼

간장 양념

참기름 ½스푼

간장 1스푼

통깨 약간

아보카도참치비빔밥

1

2

3

1. 참치는 체에 밭쳐 기름기를 제거한 뒤 하프마요네즈를 섞고, 아보카도는 길게 슬라이스 한다.
2. 팬에 오일을 두른 뒤 달걀을 깨트려 넣고 달걀프라이를 만든다.
3. 접시에 현미밥, 아보카도, 참치, 달걀프라이를 올린 뒤 간장양념을 곁들여 마무리한다.

TIP
- 매콤하게 먹고 싶다면 스리라차 소스를 살짝 곁들어도 좋아요.

토요일 | 저녁

재료

통밀토르티야 1장

아보카도 ½개

삶은 닭가슴살 50g

슬라이스 치즈 1장

방울토마토 5개

청상추 3장

양파 10g

올리브오일 ½스푼

소금 1꼬집

후춧가루 약간

아보카도샌드위치

1 씨앗을 제거한 방울토마토와 양파는 잘게 다지고, 닭가슴살은 잘게 찢고, 아보카도는 깍둑 썬다.

2 볼에 아보카도, 방울토마토, 양파를 넣은 뒤 소금, 후춧가루, 올리브오일을 넣고 으깨어 잘 섞는다.

3 통밀토르티야를 ¼정도 자르고 치즈, 청상추, 과콰몰리, 닭가슴살, 방울토마토를 올리고 돌려가며 접은 뒤 랩으로 싸서 고정시킨다.

4 먹기 좋은 크기로 썰고 접시에 담아낸다.

일요일 | **아침**

재료

현미밥 130g

새송이버섯 20g

달걀 1개

파 20g

당근 20g

국간장 1스푼

소금 1꼬집

통깨 약간

참기름 1스푼

물 300ml

달걀야채죽

1 볼에 달걀을 깨트려 넣고 소금을 넣은 뒤 잘 섞어 달걀물을 만든다. 파, 당근, 새송이버섯은 잘게 다진다.

2 팬에 참기름을 두른 뒤 채소를 넣고 볶다가 채소가 투명해지면 현미밥을 넣고 볶는다. 중간에 물을 넣어 걸죽하게 끓인다.

3 취향에 맞는 농도로 끓여지면 국간장을 넣고 달걀물을 넣어 익힌 뒤 통깨를 뿌리고 그릇에 담아낸다.

일요일 | **저녁**

재료

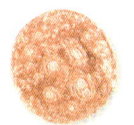
통밀토르티야 1장

달걀 2개

슬라이스 치즈 1장

새송이버섯 20g

당근 20g

양파 20g

하프마요네즈 ½스푼

오일 1스푼

소금 1꼬집

스리라차 소스 ½스푼

후춧가루 약간

달걀토르티야크레페

1 당근, 양파, 새송이버섯은 잘게 다진다.

2 볼에 다진 채소와 달걀을 깨트려 넣고 소금, 후춧가루를 넣은 뒤 잘 섞는다.

3 팬에 오일을 두른 뒤 달걀물을 붓고 윗면이 살짝 덜 익은 상태에서 통밀토르티야를 올린다.

4 뒤집어서 슬라이스 치즈를 올리고 양옆을 접은 뒤 접시에 담아 하프마요네즈와 스리라차 소스를 뿌려 마무리한다.

4주차 식단

월요일
아침 돼지고기샐러드 153
점심 돼지고기덮밥 155
저녁 돼지등심토마토카레 157

화요일
아침 양배추달걀전 159
점심 양배추돼지고기볶음밥 161
저녁 양배추김밥 163

수요일
아침 콩나물김치죽 165
점심 콩나물참치비빔밥 167
저녁 콩나물새우볶음밥 169

목요일

- 아침 두유스크램블에그토스트 171
- 점심 두유프렌치토스트 173
- 저녁 두유크림리소토 175

금요일

- 아침 닭가슴살콥샐러드 177
- 점심 닭가슴살채소덮밥 179
- 저녁 닭가슴살샐러드샌드위치 181

토요일

- 아침 토마토달걀샐러드 183
- 점심 달걀카레라이스 185
- 저녁 통밀달걀빵 187

일요일

- 아침 새우미역죽 189
- 저녁 새우미역냉채 191

월요일 | 아침

재료

돼지고기(뒷다리살) 100g

방울토마토 3~5개

어린잎채소 50g

다진 마늘 ½스푼

후춧가루 약간 / 설탕 ½스푼

오일 1스푼 / 간장 1스푼

오리엔탈 소스

올리브오일 1스푼 / 참기름 ½스푼

설탕 1스푼 / 다진 양파 1스푼

식초 1스푼 / 간장 2스푼

돼지고기샐러드

1

2

3-1

3-2

1 방울토마토는 반으로 썰고, 돼지고기는 간장, 설탕, 다진 마늘, 후춧가루를 넣고 손으로 잘 버무린다.

2 작은 볼에 간장, 올리브오일, 참기름, 설탕, 식초, 다진 양파를 넣고 잘 섞어 소스를 준비한다.

3 팬에 오일을 두른 뒤 양념된 돼지고기를 넣고 볶은 뒤 큰 볼에 모든 재료를 넣고 잘 섞어 접시에 담아낸다.

월요일 | **점심**

재료

돼지고기(뒷다리살) 100g

현미밥 130g

달걀 1개

당근 20g

양파 50g

참기름 ½스푼

다진 마늘 ½스푼

오일 1스푼

간장 2스푼

설탕 1스푼

후춧가루 약간

물 3스푼

돼지고기덮밥

1 당근과 양파는 채 썰고, 돼지고기는 간장, 설탕, 다진 마늘, 참기름, 후춧가루를 넣고 손으로 버무린다.
2 팬에 오일을 두른 뒤 달걀을 깨트려 넣고 달걀프라이를 만든다.
3 팬에 오일을 두른 뒤 당근, 양파를 먼저 볶다가 양파가 살짝 투명해지면 양념된 돼지고기를 넣고 볶은 뒤 물을 넣고 자작하게 조린다.
4 그릇에 현미밥, 돼지고기덮밥, 달걀프라이를 올려 마무리한다.

TIP
• 식감이 좋은 버섯을 추가하면 포만감이 더 좋아져요.

월요일 | 저녁

돼지등심토마토카레

재료

돼지고기(등심) 100g

현미밥 130g

양파 50g

방울토마토 8~10개

토마토 소스 1스푼

카레가루 2스푼

오일 1스푼

후춧가루 약간

물 200ml

1

2

3

1 방울토마토는 반으로 썰고, 양파는 깍둑 썰고, 볼에 물, 토마토 소스, 카레가루를 넣고 잘 섞어 준비한다.

2 팬에 오일을 두른 뒤 돼지고기를 넣고 볶다가 핏기가 사라지면 양파, 방울토마토를 넣고 볶는다.

3 양파가 투명해지면 섞어놓은 소스를 붓고 취향에 맞는 농도로 끓인 뒤 접시에 현미밥과 카레를 담아낸다.

TIP
• 토마토 소스는 토마토 함량이 많은 제품으로 사용하는 게 좋아요.

화요일 | 아침

양배추달걀전

재료

현미밥 130g

양배추 100g

달걀 2개

당근 20g

오일 2스푼

후춧가루 약간

소금 2꼬집

1

2

3

1 양배추와 당근은 길게 채 썬다.
2 볼에 채 썰은 양배추와 당근을 넣은 뒤 달걀을 깨트려 넣고 소금, 후춧가루를 넣고 잘 섞는다.
3 팬에 오일을 두른 뒤 섞어놓은 양배추달걀을 올리고 앞뒤로 노릇하게 구운 뒤 접시에 현미밥과 양배추달걀전을 올려낸다.

TIP

• 케첩이나 스리라차 소스를 곁들여 먹어도 좋아요.

화요일 | **점 심**

재료

현미밥 130g

돼지고기(살코기) 100g

양배추 100g

당근 20g

파 10g

오일 1스푼　간장 1스푼

소금 1꼬집　설탕 ½스푼

참기름 ½스푼

다진 마늘 ½스푼

후춧가루 약간

통깨 약간

양배추돼지고기볶음밥

1

2

3

1 파는 송송 썰고, 당근과 양배추는 채 썰고, 돼지고기는 간장, 설탕, 다진 마늘, 후춧가루를 넣고 버무린다.

2 팬에 오일을 두른 뒤 파와 양념된 돼지고기를 넣고 볶다가 핏기가 사라지면 양배추, 당근을 넣고 볶는다.

3 양배추가 살짝 투명해지면 현미밥을 넣고 볶다가 소금으로 간을 하고 참기름, 통깨를 뿌려 마무리한다.

TIP
- 소금 대신 굴소스 ½스푼 정도 사용해도 돼요.

화요일 | 저녁

양배추김밥

재료

현미밥 130g

닭가슴살소시지 2개(100g)

양배추 200g

케일 4~5장

김밥김 2장

소금 2스푼

참기름 1스푼

통깨 약간

1

3

4-1

4-2

1 양배추는 채 썰어 소금을 뿌리고 10~15분 정도 절인 뒤 흐르는 물에 씻고 물기를 제거한다. 케일도 흐르는 물에 씻어 준비한다. 현미밥에 소금, 참기름, 통깨를 넣어 양념한다.

2 닭가슴살소시지는 살짝 데운다.

3 반으로 자른 김에 케일, 절인 양배추, 닭가슴살소시지 순으로 올린 뒤 말아준다.

4 나머지 김에 현미밥을 잘 펴고 말아놓은 재료를 올린 뒤 잘 말아서 한입 크기로 썰어 접시에 담아낸다.

TIP
• 닭가슴살소시지 대신 크레미, 훈제오리, 참치 등을 사용해도 좋아요.

수요일 | 아침

재료

현미밥 130g

콩나물 100g

김치 30g

달걀 1개

국간장 1스푼

설탕 ½스푼

액젓 1스푼

참기름 1스푼

통깨 약간

물 500ml

콩나물김치죽

1. 콩나물은 흐르는 물에 씻고 체에 밭쳐 물기를 제거하고, 김치는 잘게 송송 썬다.
2. 팬에 참기름을 두르고 김치, 설탕을 넣고 볶은 뒤 밥과 물을 넣고 잘 저어주며 끓인다.
3. 죽이 끓어오르면 콩나물을 넣고 잘 저어가며 끓인다.
4. 콩나물의 숨이 죽으면 국간장과 액젓으로 간을 하고, 달걀을 깨트려 넣고, 취향에 맞게 끓인 뒤 그릇에 담아 통깨를 뿌린다.

TIP
- 매콤하게 먹고 싶다면 고춧가루나 매운 고추를 넣으면 좋아요.

수요일 | **점심**

재료

현미밥 130g

콩나물 100g

기름기를 뺀 참치 100g

파 10g

간장 1스푼

설탕 ½스푼

고춧가루 ½스푼

참기름 ½스푼

통깨 약간

콩나물참치비빔밥

1

2

3

1 콩나물을 볼에 담아 랩으로 싼 뒤 위에 구멍을 살짝 내고 전자레인지에 2~3분 돌린다. 그다음 찬물에 헹구고 체에 밭쳐 물기를 제거한다.

2 작은 볼에 기름기를 뺀 참치, 송송 썬 파, 간장, 설탕, 고춧가루, 참기름을 넣고 잘 섞는다.

3 접시에 현미밥, 참치, 양념장을 올리고 통깨를 뿌려 마무리한다.

수요일 | 저녁

재료

현미밥 130g

콩나물 100g

새우 50g

달걀 1개

파 10g / 당근 20g

오일 1스푼

굴소스 1스푼

다진 마늘 ½스푼

참기름 ½스푼

후춧가루 약간

통깨 약간

콩나물새우볶음밥

1

2

3

4

5

1 콩나물을 흐르는 물에 씻은 뒤 체에 밭쳐 물기를 제거하고, 파는 송송 썰고, 당근은 채 썰고, 새우는 찬물에 담가 해동한 뒤 키친타월로 물기를 제거한다.

2 팬에 오일을 두른 뒤 달걀을 깨트려 넣고 달걀프라이를 만든다.

3 팬에 오일을 두르고 파, 다진 마늘을 넣고 향을 낸 뒤 새우를 넣고 볶는다.

4 새우가 분홍빛이 돌면 콩나물, 당근을 넣고 볶다가 콩나물의 숨이 살짝 죽으면 현미밥, 굴소스를 넣고 볶는다.

5 참기름, 후춧가루, 통깨를 뿌려 마무리하고 접시에 콩나물새우볶음밥과 달걀프라이를 올려 마무리한다.

목요일 | 아침

두유스크램블에그토스트

재료

통밀빵 1장

두유 100ml

달걀 2개

오일 1스푼

소금 1꼬집

1

2

3

1 볼에 달걀을 깨트려 넣고 두유, 소금을 넣은 뒤 잘 섞어 두유달걀물을 준비한다.

2 팬에 오일을 두른 뒤 두유달걀물을 붓고 휘저어가며 취향에 맞게 익힌다.

3 접시에 두유스크램블에그, 통밀빵을 곁들여 마무리한다.

목요일 | **점심**

재료

통밀식빵 2장

바나나 1개

달걀 1개

블루베리 8알

두유 100ml

견과류 약간

오일 1스푼

설탕 ½스푼

꿀 ½스푼

두유프렌치토스트

1

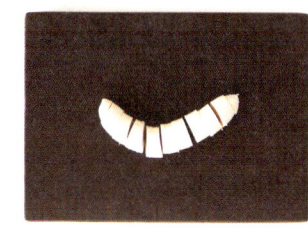

2

3

1 볼에 달걀을 깨트려 넣고 두유, 설탕을 넣어 잘 섞은 뒤 통밀식빵 2장을 두유달걀물에 넣고 앞뒤로 잘 적신다.

2 바나나는 한입 크기로 썬다.

3 팬에 오일을 두른 뒤 통밀식빵 2장을 겹쳐서 약한 불에 앞뒤로 노릇하게 굽는다.

4 접시에 두유프렌치토스트를 담고 바나나와 블루베리를 올린 뒤 견과류와 꿀을 뿌려 마무리한다.

TIP
- 바나나 대신 다른 제철과일을 사용해도 좋아요.

목요일 | 저녁

재료

현미밥 130g

닭가슴살소시지 1개

양파 30g

버섯 30g

슬라이스 치즈 1장

달걀 1개

두유 190ml

소금 1꼬집

오일 1스푼

다진 마늘 ½스푼

후춧가루 약간

두유크림리소토

1 양파, 버섯은 잘게 다지고, 닭가슴살소시지는 동그랗게 썬다.

2 팬에 오일을 두르고 다진 마늘을 넣고 볶아 향을 낸 뒤 썰어놓은 재료를 넣고 볶는다.

3 양파가 투명해지면 두유, 현미밥, 슬라이스 치즈를 넣고 잘 저어가며 취향에 맞는 농도로 끓인다.

4 소금으로 간을 한 뒤 접시에 담고 달걀노른자를 올린다.

TIP
• 닭가슴살소시지 대신 새우, 닭가슴살로 대체해도 좋아요.

금요일 | 아침

재료

삶은 닭가슴살 100g

케일 5장

삶은 달걀 1개

파프리카 30g

오이 30g

블랙올리브 5~6알

옥수수콘 2스푼

요거트드레싱

그릭요거트 3스푼

발사믹식초 ½스푼

꿀 1스푼

소금 1꼬집

닭가슴살콥샐러드

1

2

1 케일은 채 썰고, 삶은 달걀과 블랙올리브는 슬라이스 하고, 오이와 파프리카, 닭가슴살은 깍둑 썬다.

2 접시에 케일을 깔고 모든 재료를 차례대로 담는다.

3 작은 볼에 그릭요거트, 발사믹식초, 소금, 꿀을 잘 섞은 뒤 닭가슴살콥샐러드와 함께 곁들인다.

TIP

• 집에 있는 다른 채소로 대체해도 좋아요.

금요일 | **점심**

재료

삶은 닭가슴살 100g

현미밥 130g

양배추 50g

당근 20g

파 10g

양파 20g

굴소스 1스푼

오일 1스푼

후춧가루 약간

닭가슴살채소덮밥

1

2

3

1 파는 송송 썰고, 닭가슴살은 잘게 찢고, 양배추, 당근, 양파는 채 썬다.
2 팬에 오일을 두르고 파를 먼저 볶아 향을 낸 뒤 나머지 채소들을 넣고 볶는다.
3 양파가 투명해지면 닭가슴살, 굴소스, 후춧가루를 넣고 볶은 뒤 그릇에 현미밥, 닭가슴살채소볶음을 올려 마무리한다.

금요일 | 저녁

재료

삶은 닭가슴살 100g

통밀식빵 2장

달걀 1개

슬라이스 치즈 1장

양배추 20g

당근 20g

오이 20g

상추 3~5장

홀 그레인 머스터드 1스푼

그릭요거트 1스푼   오일 ½스푼

닭가슴살샐러드샌드위치

1

2

3

4

5-1

5-2

1 통밀식빵은 기름기 없는 팬에 앞뒤로 굽는다.

2 삶은 닭가슴살은 잘게 찢고, 오이는 씨를 제거하고 당근, 양배추와 함께 채 썬다.

3 볼에 채 썬 채소와 닭가슴살, 요거트를 넣고 잘 섞는다.

4 작은 팬에 오일을 두른 뒤 달걀을 깨트려 넣고 완숙으로 익힌다.

5 통밀식빵 양쪽에 홀 그레인 머스터드를 바르고 슬라이스 치즈, 달걀, 닭가슴살샐러드, 청상추 순으로 올린 뒤 나머지 통밀식빵을 올리고 랩으로 싸서 반으로 잘라 접시에 담아낸다.

토요일 | 아침

재료

방울토마토 8~10개

어린잎채소 50g

달걀 2개

블랙올리브 3알

견과류 약간

드레싱

홀 그레인 머스터드 ½스푼 / 발사믹식초 1스푼

꿀 ½스푼 / 소금 1꼬집

올리브오일 1스푼 / 다진 양파 ½스푼

토마토달걀샐러드

1

2-1

2-2

1 방울토마토는 반으로 자르고, 블랙올리브는 슬라이스 하고, 견과류는 다지고, 삶은 달걀은 4등분 하고, 작은 볼에 드레싱 재료를 넣고 잘 섞는다.

2 큰 볼에 어린잎채소, 썰어놓은 재료, 드레싱을 넣은 뒤 잘 섞고 접시에 담아낸다.

TIP
- 달걀이 부서지는 게 싫다면 달걀은 맨 마지막에 올리세요.

토요일 | **점심**

재료

현미밥 130g

달걀 2개

양파 50g

카레가루 3스푼

오일 1스푼

물 180ml

달걀카레라이스

1

2-1

2-2

1 볼에 달걀을 깨트려 넣고 잘 섞어 달걀물을 만들고, 양파는 채 썬다.

2 팬에 오일을 두른 뒤 양파를 넣고 볶다가 양파가 투명해지면 물, 카레가루를 넣고 잘 저어가며 끓인다.

3 취향에 맞는 농도로 끓으면 달걀물을 붓고 살짝 저어 익힌 뒤 접시에 밥과 달걀카레를 올려 마무리한다.

TIP

• 버섯을 넣으면 식감이 더 좋아져요.

토요일 | 저녁

통밀달걀빵

재료

통밀식빵 1장

달걀 2개

슬라이스 치즈 1장

소금 1꼬집

1

2

1 오목한 볼에 통밀식빵과 슬라이스 치즈를 넣은 뒤 달걀을 깨트려 넣고 소금을 뿌리고 이쑤시개로 노른자를 여러 번 찌른다.

2 그대로 전자레인지에 넣고 1분 30초 정도 돌린 뒤 마무리한다.

TIP

• 통밀식빵이 건조한 상태라면 분무기로 물을 앞뒤에 여러 번 뿌리면 촉촉하게 먹을 수 있어요.

일요일 | **아침**

재료

현미밥 130g

마른미역 3g

새우 50g

액젓 1스푼

참기름 1스푼

국간장 1스푼

물 500ml

새우미역죽

1 새우는 찬물에 담가 해동한 뒤 키친타월로 물기를 제거하고, 미역도 찬물에 담가 불린 뒤 먹기 좋은 크기로 썬다.

2 팬에 참기름을 두른 뒤 미역을 넣고 볶다가 국간장을 넣고 함께 5분 정도 볶는다.

3 볶은 미역에 물, 현미밥을 넣고 잘 저어가며 끓인다.

4 죽이 끓어오르면 새우를 넣고 저어가며 끓인 뒤 원하는 농도에서 액젓을 넣어 간을 하고 그릇에 담아낸다.

TIP

• 액젓 향이 싫다면 국간장을 더하거나 소금으로 간을 해도 좋아요.

일요일 | **저 녁**

재료

새우 50g

마른미역 3g

달걀 1개

방울토마토 2개

당근 30g

오이 30g

양파 30g

오일 ½스푼

냉채소스

식초 2스푼 간장 1스푼

설탕 1스푼 물 500ml

다시마 5×5cm

새우미역냉채

1 볼에 다시마와 물을 넣어 다시마물을 만들고, 미역은 불린 뒤 먹기 좋은 크기로 썰고, 당근, 오이, 양파는 채 썬다.

2 다른 볼에 달걀을 깨트려 넣고 달걀물을 만든다.

3 팬에 오일을 살짝 두르고 달걀물을 부어 달걀지단을 만든 뒤 얇게 썬다.

4 끓는 물에 새우를 살짝 데치고, 다시마물에서 다시마를 빼고 냉채소스를 만든다.

5 접시에 준비한 재료들을 차례대로 담고 냉채소스를 뿌려 마무리한다.

TIP

• 달걀지단 만들기가 어렵다면 두부면이나 미역국수를 곁들여도 좋아요.

4-WEEK ONE PLATE DIET

믿고 따라 하는 **다이어터 최희정**의
4주 원 플레이트 다이어트

초판 1쇄 발행 2023년 6월 20일

지은이 최희정
펴낸이 김영조
교정 한지연 | **디자인** 이병옥 | **마케팅** 김민수, 구예원 | **제작** 김경묵 | **경영지원** 정은진
펴낸곳 싸이프레스 | **주소** 서울시 마포구 양화로7길 44, 3층
전화 (02)335-0385/0399 | **팩스** (02)335-0397
이메일 cypressbook1@naver.com
홈페이지 www.cypressbook.co.kr
블로그 blog.naver.com/cypressbook1
포스트 post.naver.com/cypressbook1
인스타그램 싸이프레스 @cypress_book | 싸이클 @cycle_book
출판등록 2009년 11월 3일 제2010-000105호

ISBN 979-11-6032-202-6   13590

- 이 책은 저작권법에 따라 보호 받는 저작물이므로 무단 전재 및 무단 복재를 금합니다.
- 책값은 뒤표지에 있습니다.
- 파본은 구입하신 곳에서 교환해 드립니다.
- 싸이프레스는 여러분의 소중한 원고를 기다립니다.